KB007263

동네 의사와
기본소득

동네 의사와 기본소득

모두의 것을
모두에게!

정상훈 지음

한 인간처럼 인류도 고난을 통해서만 성장할 기회를 얻는 것일까. 하나의 감염병이 인류의 삶을 뒤흔들고 있다. 코로나19 세계 대유행으로 2020년 2분기 미국 국내총생산은 32.9퍼센트나 격감했고, 6월 실업률은 11.1퍼센트를 기록했다. 미국 경제는 1930년대 대공황 이후 최악의 상황을 맞았다. 인류에게 닥친 이 '불운'을 어떻게 설명해야 할까? 그런데 질병이란 현미경 속에서 보이는 세균처럼 인류의 삶 저 밖에서 웅크리고 있는 그 무엇이 아니다. 세균이나 바이러스를 질병으로 구성하는 것은 인간 사회와 그 관계다.

얼마 전 고등학생들과 원격으로 수업할 기회가 있었다. 주제는 "전염병과 싸우는 의사"였다. 나는 학생들에게 퀴즈를 냈다.

"다음 중 에이즈에 관한 설명으로 옳은 것은 무엇인가?"

다행히 "동성애자들이 주로 걸린다"는 답을 고른 학생은 한 명도 없었다. 하지만 안타깝게도 우리나라 HIV/AIDS 감염인들은 여전히 숨어 살아야 한다. 이 병을 '동성애자의 병'으로 만든 것은 우리였다. 그리고 전 세계 HIV/AIDS 감염인의 80퍼센트는 아프리카와 아시아에 있다. HIV/AIDS는 결핵처럼 '가난한 사람들의 병'이 되어버렸다. 그들은 콘돔을 사거나 치료제를 살 돈이 없기 때문이다. 그런 뜻에서 질병은 만들어진다. 사회가 질병을 만든다면 그것은 '운'에 달린 문제가 더는 아니다.

질병에는 우리 사회가 들어 있다. 코로나19는 우리 사회 구석구석을 들여다볼 기회를 주었다. 생활고에 못 이겨 자녀와 '동반 자살'을 택한 부모들, 아파도 학교에 가야 하는 아이들, 일에 쫓겨 아픈 아이 돌볼 시간조차 못 내는 어른들, 하물며 외롭고 어려운 이웃을 도울 여유는 꿈에도 낼 수 없는 사람들, 그리고 대기업의 재택근무가 그림의 떡인 가난한 노동자들.

코로나19는 우리 사회의 약한 구석을 들춰냈다. 예전이라면 '내 코가 석 자'라는 핑계를 대며 애써 그들을 외면할 수 있었다. 하지만 코로나19 대유행 앞에서는 '모두가 안전해야 나도 안전'하다. 우리가 하나의 공동체라는 당연한 진실을 다시금 깨닫는 중이다. 코로나19는 우리의 추악한 면도 끄집어냈다.

'우한폐렴' '신천지 코로나' '이태원 코로나'.

코로나19의 별명들은 외국인이나 소수자에 대한 우리의 혐오를 보여주었다. 혐오는 전염병을 막기는커녕 오히려 확산을 부채질할 뿐이다. 그런 뜻에서 혐오는 거의 언제나 '자살', 곧 사회가 자신의 목을 조르는 행위와 같다.

'재난기본소득'은 새로운 토론의 장을 열어주었다. 애초 정부는 '긴급재난지원금'을 소득 하위 70퍼센트 가구에만 지급할 예정이었다. 하지만 부정적 여론이 빗발치자 전 국민에게 지급하는 것으로 바꾸었다. 이 돈은 삼성 이재용 부회장에게는 '껌값'에 불과할 것이다. 예전이라면 부자들에게도 지원금을 주자는 정책을 두고 국민이 오히려 반대했을지 모른다. 정도의 차이는 있을지언정 코로나19가 불편하고 힘들기는 가난한 사람이나 부자나 마찬가지다. 그러니 모두가 재난기본소득을 받을 권리가 있다. 또 부자도 다른 사람에게 코로나19를 퍼뜨릴 수 있다. 모두에게 규칙 준수를 호소하려면 모두에게 동등한 응원을 보내는 것이 맞다. 재난기본소득은 '모두와 나누는 것'이 사회의 안녕과 정의를 실현하는 데 더 효과적일 수 있다는 교훈을 주었다.

'포스트 코로나'는 어떤 시대일까? 아직 코로나19 대유행은 절정을 지나지 않은 것 같다. 하지만 언제가 되었든 사람들은 코로나 이후를 논하게 될 것이다. 그렇다면 포스트 코로나를 막연히 궁금해하기보다 우리를 바꿀 기회로 삼는 것은 어떨까? 우리가 원한다면 미래는 바꿀 수 있다.

이 책은 기본소득을 이론적으로 설명하려고 쓴 책이 아니다. 그것은 내 역할이 아니며, 본격적인 이론서는 국내에 꽤 여러 권 나와 있다. 그런데도 책을 내기로 마음먹은 것은 나름의 욕심 때문이었다. 아직 기본소득은 사람들의 '운동'이라기보다는 이론가나 정치인의 '주장'에 머물고 있다. 제도나 정책 하나 바뀐다고 좋은 세상이 올 리는 없다. 기본소득도 마찬가지다. 정책은 도입되고 실행되는 과정에서 쉼 없이 타협과 왜곡을 겪는다. 사람의 운동이 없다면 제도는 본모습을 찾을 수 없을 정도로 뒷걸음질 치는 것이 보통이다. 나는 이 책에서 기본소득이 세상을 살아가는 우리 주변 사람들 그리고 진료실에서 만난 사람들의 삶과 어떻게 연결될 수 있

는지 보여주려 한다. 사람들의 이야기만큼 사람을 움직이게
하는 것은 없다고 믿기 때문이다.

사실 섣부른 욕심이었다. 그래서 출판사의 권유가 없었다
면 시작할 용기를 내지 못했을 것이다. 사람들과 나누고 싶
었던 이야기를 책으로 묶을 수 있도록 도움을 준 많은 분께
감사의 마음을 전한다.

2020년
정상훈

차례

3장 진료실 밖에서 만난 기본소득

4장 기본소득은 가능하다

1장

코로나19와
기본소득

BASIC
INCOME

코로나 시대,
한 아빠의 하루

요즘 아이는 자주 늦잠을 잔다. 날이 점점 더워지니까 통일찍 잠들지 못한다. 푹 재우려고 그냥 지켜보다가 아침 8시에는 깨운다. 눈곱도 떼지 않은 아이는 간밤에 꾼 꿈이나 어제 한 게임 이야기를 조잘거린다. 무엇이든 지금 눈앞에서 벌어지고 있는 것처럼 묘사하는 어린이의 능력은 참 놀랍다. 그리고 아침을 먹는다. 내겐 20년째 똑같은 시리얼이지만, 아이에겐 그렇지 않다. 어떤 날은 빨리 먹기 시합을 하자고 하고, 과자나 초콜릿 같은 괴상한 음식을 넣어 먹기도 한다. 입맛이 없다고 굳이 밥을 차려달라고 하기도 한다. 그리고 내가 커피를 마시는 동안 아이는 옆에서 만화책을 들여다보며 킥킥댄다.

그러다 8시 50분이 되면 아이는 어디론가 사라진다. 공부방 문을 살며시 열어보면, 이미 컴퓨터를 켜놓고 온라인 수업을 듣고 있다. 스스로 온라인 수업을 들은 지 벌써 두 달이 되어간다. 초등학교 4학년인 아이는 아빠가 옆에서 지켜보는 것을 싫어한다. 체육수업 때나 과제물을 게시판에 올릴 때만 나에게 도움을 청한다. 아빠와 함께 체조나 구르기를 하면서 아이는 깔깔대며 즐거워한다. 나는 원래 집에서는 일을 못 하는 사람이었다. 집 나갈 시간을 놓치면 종일 빈둥거리며 놀 수밖에 없었다. 그런데 아이의 온라인 수업 덕분에 내 생활에도 변화가 생겼다. 아이가 온라인 수업을 듣는 동안 글을 쓰게 된 것이다.

수업이 끝나면 함께 컴퓨터 게임을 한다. 그 전에 아이는 게임 시작 시각을 공책에 기록한다. 얼마 전부터 스마트폰, 텔레비전, 컴퓨터 게임을 하는 데 쓰는 '디지털' 시간 관리법을 익히고 있다. 제한시간을 넘겨도 딱히 벌칙은 없다. 그래도 아이는 다행히 규칙 지키는 것을 재미있어한다. 오후에는 산책하러 나가기도 한다. 밖에 나가면 아이가 먼저 내 손을 잡는다. 아기 때와 달리 손도 커지고 굳은살도 느껴져서일까.

나는 아이와 손잡는 것이 좀 부끄럽다. 이 손을 언제까지 잡을 수 있을까?

천천히 걷다 보면 늘 지나치던 아파트 단지도 달라 보인다. 이야깃거리를 여기저기에 숨기는 것은 바로 사람이라는 사실을 아이 덕에 깨닫는다. 가끔은 종알대는 소리가 귀찮아서 아이 말을 끊는다. 그러면 아이는 정색을 한다.

"아빠, 아이도 사람인데 존중해줘야지. 말을 끊으면 어떡해?"

아이와 나는 얼마 전 영어 공부를 시작했다. 나는 마흔이 다 되어 영어회화를 배웠는데 그 과정이 참 즐거웠다. 그래서 아이에게 직접 영어회화를 가르쳐보자는 욕심이 생겼다. 물론 아이는 학교에서 영어를 배운다. 그런데 아내 말로는 아이가 싫어하는 과목 중 하나가 영어란다. 요즘처럼 아빠와 사이가 좋았던 적이 없었으니 좋은 기회였다. 그런데 아이는 내 앞에서 영어로 말하는 것을 무척 부끄러워했다. 외국어 배우는 즐거움을 가르쳐주자고 시작한 일이었으니 나는 화내지 말자고 누차 마음을 다잡았다. 웃으면서 다시 해보라고 해도 아이의 목소리는 들릴 듯 말 듯했다. 아이가 이 고비만 넘으면 자신 있게 말할 수 있지 않을까 싶어 나는 포기하지 않고 다시 말해보라며 재촉했다. 그러면 아이의 목소리는 더 작아져서 기어들어갔다. 아이는 굳은 표정으로 용기 내어 말했다.

"아빠, 무섭지 않게 말하면 안 돼?"

그럴 때면 내가 아빠라는 사실이 너무 무겁다. 아이는 내 표정의 아주 작은 변화를 세심하게 살피고 있었다. 그리고 예민하게 반응했다. 때로는 행복하게, 때로는 상처받으며…. 나는 이런 사람과 함께 살 자격이 있는 걸까? 그동안 나는 아이의 얼굴을 그렇게 사려 깊게 바라본 적이 있었던가?

코로나19 대유행으로 내 생활도 크게 변했다. 하루 대부분을 집에서 보내게 된 것이다. 나는 생계를 위해 '대진 의사'로 일한다. 자칭 '프리랜서 의사'다. 동네 의원 원장님들이 휴가를 가면, 환자를 대신 진료하고 사례를 받는다. 그런데 코로나19로 원장님들의 해외여행이 줄줄이 취소되었고, 대진 자리도 크게 줄었다.

하지만 요즘 나는 그 어느 때보다 행복하다. 넉넉한 시간과 섬세한 감정을 아이와 나누고 있으니까. 진실로 아이에게 배우기 위해서는 충분한 시간이 필요했나 보다. 그리고 팔자에 없는 글쓰기를 시작했다. 글은 머리에서 완성되어 나오는 것이 아니었다. 손가락에서 나온 글은 스스로 완성을 향해 나아갔다. 마침표가 찍힌 다음에야 내 생각과 감정이 드러났다. 글쓰기란 자기 공부였다. 게다가 생계 걱정도 별로 없다. 인연이 오래된 동네 의원 원장님들이 한 달에 며칠은 불러주어서다. 우리나라에서 의사 일당은 무척 세다. 보건복지부가 발표한 〈국민 보건의료 실태조사〉에 따르면, 2016년 기준으로 의사의 월 평균 임금은 1304만 원, 연봉으로 환산하면 1억 5600만 원이었다. 같은 해 노동자의 평균 연봉은 3387만 원이었으니까 우리나라 의사는 노동자보다 평균 4.6배나 더 버는 것이다. 나 역시 단 몇 번의 대진으로 비정규 여성 노동자들 월급만큼 벌 수 있다. 그러니 즐거울 수밖에.

문득 드는 생각이었다.

'나처럼 하고 싶은 일 하며 아이와 시간을 보내는 아빠들이 이 시대에 얼마나 될까?'

그렇다. 나는 참 팔자 좋은 사람이다. 그런데 다르게 볼 수도 있다. 의사라는 자격 덕분에 이미 기본소득 받는 삶을 누리고 있었다고.

해외에서 구호활동가들을 많이 만났다. 그들 가운데는 처음으로 임무를 받은 신입 활동가들이 제일 많다. 일할 사람이 부족하다는 뜻이다. 하지만 해외 현장에서 잔뼈가 굵은 사람도 꽤 된다. 한 모로코 출신 활동가는 참 유쾌한 여성 약사였다. 옆에 있으면 덩달아 기분이 좋아지는 사람 있잖은가. 그녀가 임무를 마치며 작별인사를 했다. 이스라엘에서 2주 동안 휴가 보낼 생각에 그녀는 들떠 있었다. "다음 계획이 있냐"고 물었다. 콩고민주공화국 현장에서 근무할 계획이라며 베테랑답게 말했다. 그녀의 자유로움이 부러웠다. 그녀는 자기가 하고 싶은 일을 하고 있다. 가난한 나라에서 질병으로 고통받는 사람들을 돕는 일 말이다. 동시에 자기 삶을 마음껏 즐기기도 한다.

그런 삶의 유일한 단점이라면 돈을 많이 벌지 못한다는 것이다. 하지만 구호 현장이 있는 나라 물가는 무척 낮아서 아주 적은 돈만 있어도 생활비 정도는 충당할 수 있다. 현장에 있는 외국인 학교에 아이를 보내는 활동가도 많다. 물론 단체에서 교육비를 지원해준다. 그러니 먹고살 걱정은 없다. 오히려 남는 돈을 모아 중간중간 긴 휴가를 즐길 수도 있다. 구호활동가들 역시 기본소득을 누리는 삶 아닐까?

MBC 〈100분 토론〉 "기본소득 시대 과연 열릴까?" 편 (2020년 6월 11일 방송)에는 이재명 경기도지사와 오세훈 전 서울시장이 출연해서 기본소득에 관해 열띤 논쟁을 벌었다. 두 정치인이 여당과 야당의 잠재적 대선 후보, 이른바 '잠룡'인 만큼 이날 토론은 시청자들로부터 큰 관심을 받았다. 이재명 지사는 '재난기본소득'이 그랬던 것처럼 기본소득도 '경제성장'에 도움이 된다는 점을 강조했다. 인공지능을 중심으로 한 '4차 산업혁명'은 일자리를 빼앗고 국민의 소득을 낮출 것이기에, 기본소득을 도입해서 소득을 높이면 소비가 늘어나고, 이에 맞춰 기업은 투자를 더 하니까 나라 경제도 계속 성장할 수 있다는 이야기였다. 오세훈 전 서울시장은 기본소득이 일할 의욕을 떨어뜨리기 때문에 나라 경제가 더 나빠질 수 있다고 반박했다. 일정 기준보다 소득이 적은 국민에게 모자란 만큼 보충해주는 '안심소득제'가 더 나은 정책이라고 그는 주장했다.

토론을 보면서 나는 두 정치인의 상상력이 아쉬웠다. 기본소득이 세상의 관심을 끌면서 이를 둘러싼 논쟁도 활발해지고 있다. 대개는 기본소득이 기존 복지정책보다 나은지, 경제성장에는 도움이 되는지를 놓고 논쟁한다. 하지만 여기에만 머물면 기본소득의 알맹이를 놓치게 된다. 기본소득은 물론 하나의 정책이자 제도지만, 동시에 그렇지 않다고 말할 수도 있다. 기본소득은 훨씬 큰 가능성을 품고 있기 때문이다. 기본소득은 다른 정책이나 제도와 달리 우리의 상상력을 자극하는 힘을 가지고 있다. 우리의 삶을 완전히 다르게 볼 수 있게 해준다. 이것이 이 책에서 다루고자 하는 핵심 주제다.

내 친구들은 자주 말한다.

"마음대로 사는 네가 참 부럽다."

그런 말을 들으면 속으로 의아했다.

'너는 왜 그렇게 살지 않니?'

물론 이유야 잘 알고 있다. 그들은 병원이나 직장에 매여 있고, 고작 일주일인 여름 휴가도 눈치 보며 내야 한다. 의사 친구들은 나보다 몇 배 많은 돈을 번다. 하지만 그 친구도 남은 평생 일하지 않아도 먹고살 수 있다거나 자식을 공부시킬 만큼은 아니다. 사실 우리나라에는 해외 긴급구호활동을 하는 의사가 손에 꼽을 만큼 적다. 오죽했으면 감염내과 전문의도 아닌 내가 한국인 최초 에볼라 의사가 되었을까. 우리나라에는 의사가 해외 구호활동을 하겠다고 6개월이나 1년씩 자리 비우는 것을 허락해주는 병원이 거의 없다. 해외 구호활동을 하려면 병원을 그만두는 수밖에 없다. 어디 병원뿐이겠는가. '평생직장'이라는 신화는 오래전 깨졌다. 하지만 평범한 사람들에게 직장은 여전히 '잘릴 때까지 어떻게든 버텨야 하는 곳'이다.

그런데 일은 훨씬 적게 하면서 생활하기에 충분한 기본소득을 받는다면 어떨까? 직업 선택의 자유는 그제야 진정한 권리가 될 수 있을 것이다. 코로나19 시대에 팔자 좋은 나나 해외 구호활동가들의 삶은 하나의 방식일 뿐이다. 그래도 지금보다는 훨씬 더 많은 사람이 선택할 수 있는 길이다. 모두가 기본소득을 받는다면 얼마나 다채로운 삶이 가능할지 지금은 상상조차 할 수 없다.

검색어,
일가족 생활고

2020년 2월 13일, 서울의 한 아파트에서 한의사 A씨 부부와 5살, 1살 자녀 등 일가족이 사망한 채 발견되었다. A씨가 먼저 처와 자식을 목 졸라 죽이고, 자신은 아파트에서 뛰어내려 목숨을 끊은 것으로 추정된다. 그는 미안하다는 내용의 유서를 남긴 것으로 알려졌다. 한의원은 경영난에 시달렸고 A씨는 부인 B씨 그리고 부친과 경제적 갈등을 겪었다. 중국에서 시작된 코로나19가 입국자와 접촉자 주변에서 서서히 번지기 시작하던 때였다. 사람들의 관심은 온통 코로나19에 쏠렸다. 그 바람에 일가족 네 명이 죽음을 맞은 이 참

혹한 사건은 정당한 관심을 받지 못했다.

'아이들은 무슨 죄인가?'

나는 씁쓸하게 혀를 한번 차고 넘기고 말았다. 사실 이런 종류의 '가족' 참사는 잊을 만하면 들릴 만큼 자주 일어난다. '일가족 생활고'라는 검색어를 포털사이트에 입력하면 거의 똑같은 사건들이 줄줄이 나온다. 그 사건으로부터 바로 한 달 전인 1월 5일, 경기도 김포의 한 아파트에서는 30대 여성, 60대 어머니, 8살 아들이 숨진 채 발견되었다. 30대 여성은 지인에게 수백만 원을 빌린 뒤 갚지 않아서 사기 혐의로 고소된 상태였다. 조금 더 멀게는 2019년 12월 23일, 대구의 한 주택에서 40대 부모와 중학생 아들, 초등학생 딸 등 일가족 네 명이 시신으로 발견됐다. 경찰은 이들이 극단적 선택을 한 것으로 추정했고, "부모가 개인 사업을 했는데 최근 형편이 어려워진 것으로 보인다"라고 전했다.

문득 궁금해졌다. A씨는 누구에게 무엇이 미안했을까? 그리고 내가 이런 참사에 무덤덤한 이유는, 혹시 가족이라면 극단적인 선택도 함께하는 편이 낫다고 믿기 때문일까. 그러고 보니 '동반 자살'이란 용어 역시 옳지 않았다. 5살과 1살 아이가 자살에 동의했을 리 없기 때문이다. A씨 가족 사건을 두고 한 전문가는 자녀를 독립된 인격체가 아니라 소유물로 여기는 한국의 가족관계가 문제라고 지적했다.

어린이나 청소년 환자는 대개 보호자와 함께 진료실에 들어온다. 물론 보호자는 엄마인 경우가 압도적으로 많다. 내가 환자에게 어디가 아픈지 물으면 십중팔구 옆에 있는 엄마가 대답한다.

"우리 애가 기침을 많이 해요."

"우리 애가 열이 났어요."

심지어 초등학교 고학년이나 중학생인 자녀를 "우리 아기"라고 부르는 엄마도 흔하다. 나는 이상한 고집이 있다. 대답한 엄마를 무시하고 다시 환자에게 언제부터 아팠는지 묻는다. 그러면 환자는 당황한 기색을 보인다. 자신에게 질문이 돌아올지 전혀 예상하지 못한 것이다. 위기에서 구해달라는 듯 애처로운 표정으로 엄마를 쳐다본다. 그리고 또다시 엄마가 대답한다. 간혹 아이가 스스로 답하려고 생각에 잠기기도 한다.

'내가 언제부터 아팠지?'

그럴 때면 엄마가 또 재빠르게 끼어든다. 의사 선생님의 귀한 시간을 그렇게 빼앗으면 곤란하다는 듯이 말이다.

"환자 이야기 좀 들어볼게요. 나중에 빠진 부분이 있으면 보충해주세요."

이렇게 부모에게 양해를 구하고 자녀에게 증상에 관해 자세히 물어보면 '우리 아기들', 심지어 4~5세 어린이들도 어디가 어떻게 아픈지 또박또박 대답한다. 옆에 있던 엄마는 그런 아이를 신기한 듯 쳐다본다. 많은 부모는 아이가 환자 역할을 스스로 할 수 있다고 믿지 못한다. 병치레도 대신 해주는 것이다.

어린이에겐 감기가 제일 흔한 병이다. 감기에 관해 잘 알려졌지만 자주 무시당하는 사실이 있다. 감기에는 약이 없다는 점이다. 감기는 독감이나 코로나19와 달리 사람 목숨을 빼앗지 않는다. 아이든 어른이든 감기에 걸리면 집에서 잘 먹고 푹 쉬는 것이 최고의 치료 방법이다. 미국이나 유럽에서는 부모가 감기 걸린 아이를 병원에 데려가지 않는다. 병원에 가더라도 의사들은 약을 주지 않거나 해열진통제 하나만 처방하기 때문이다. 하지만 우리나라에서 동네 의원을 찾는 어린이 상당수는 감기 환자다. 물론 부모 손에 이끌려 온다. 나는 아이에게 항생제를 처방하지 않았다가 아이 엄마와 싸운 적도 있다. "증상이 더 심해지면 당신이 책임질 거냐?"라고 엄마는 따졌다. 항생제는 감기가 중이염이나 폐렴으로 나빠지는 것을 예방하지 못한다.

감기 초기에는 열이 나거나 몸살 기운이 있고 목이 칼칼

한 경우가 많다. 그런데 독감이나 코로나19 역시 초기 증상이 비슷하다. 우리 아이가 감기에 걸렸는지, 코로나19에 걸렸는지 어떻게 알 수 있단 말인가? 그래서 부모들은 아이가 조금만 아파도 동네 의원을 찾는다. 그 바람에 아이들은 불필요한 약을 먹거나 내성균을 키운다. 하지만 감기는 열이나 몸살이 3~4일 이상 지속되는 경우가 거의 없다. 3~4일 정도 집에서 쉬면 감기인지 아닌지 대부분 알 수 있다. 코로나19와 싸우기 위해서라도 감기 걸린 아이는 병원 대신 집에서 쉬도록 해야 한다. 감기 환자가 병원에 넘쳐나면 코로나19처럼 중한 병을 진단하기 어려워지기 때문이다. 또 아이가 병원에서 오히려 코로나19에 감염될 수도 있다.

죽음이 그렇듯 질병도 우리 삶의 일부다. 성인도 일 년에 평균 네 번 감기에 걸린다. 어쩌면 감기란 숨 가빴던 생활을 잠시 멈추고 자기 몸과 마주하는 기회인지도 모른다. 몸이 내는 신호에 귀 기울이는 시간인 것이다. 이것은 어린이나 청소년도 마찬가지다. 내 몸 어디가 언제부터 어떻게 아팠는지 돌아본다. 아픈 몸을 돌보는 훈련도 한다. 몸이 이럴 때는 감기고, 저럴 때는 감기가 아니라는 사실도 배운다. 그래서 며칠만 견디면 나을 수 있다는 믿음도 갖게 된다. 이렇게 감기를 앓으면서 아이는 자기 몸과 대화하고 친해진다. 그것을 통해 몸에 관해 알고 확신하는 과정은 한 인간이 독립된 인격체로 성장하는 데 꼭 필요한 '생물학적' 기초다. 누구도 대신 해줄 수 없는 이런 성장 과정을 우리 아이들은 빼앗기고 있다.

부모도 할 말이 있다. 한국인은 오랜 시간 일한다. 엄마들은 돈벌이에 집안일까지 해야 한다. 감기에 걸린 아이가 집에서 쉬어도 부모는 돌봐줄 여유가 없다. 차라리 아이가 약을 먹고 학교나 학원에 가야 부모는 마음이 놓인다. 더구나 감기에 걸렸다고 아이가 며칠씩 공부하지 않고 쉰다는 것도 말이 안 된다. 입시경쟁에서 뒤처지면 어쩌란 말인가. 우리나라 부모 역시 자기 몸을 이해하고 스스로 돌본 경험이 부족하다. 경제성장이 지상 과제인 우리나라에서 삶의 박자는 너무나 빨랐다. 아픈 몸을 그냥 내버려두거나 전문가에게 의지할 뿐이었다. 한국 경제가 빠른 속도로 성장하는 동안 포기하거나 미루었던 것이 어디 민주주의뿐이었겠는가. 부모와 아이에게는 자신을 돌볼 시간이 더 필요하다.

자녀를 소유물로 여기는 가족관계는 바꿀 수 없을까? 여전히 강하게 남아 있는 가부장 문화와 성차별, 가계 중심의 사회복지제도, 입시 위주의 교육제도 등 여러 요인이 영향을 미친 결과다. 당연히 한두 가지 대책으로 해결할 수 없다. 한

가지 놓치면 안 되는 것은 인간에게 필요한 '물질적' 기초다. 먹고사는 방편을 타인에게 전적으로 의존한다면 독립적 인격이라 말할 수 없다. 그것이 부모일지라도 마찬가지다. 우리 부모들은 아이의 병치레까지 대신 해주고 있다. 간혹 험한 세상에 아이만 남기느니 차라리 목숨을 빼앗겠다는 극단적인 선택도 서슴지 않는다. 독립된 경제주체로 성장하는 과정은 자기 몸을 이해하고 스스로 돌보는 과정과 비슷하다. 어릴 때부터 익히고 훈련해야 한다. 그래야 아이는 자신을 긍정하고, 부모 역시 아이를 인격으로 인정할 수 있다. 부모가 주는 용돈으로는 이런 일을 할 수 없다.

기본소득은 그 일을 할 수 있다. 기본소득은 '보편성'이라는 특징을 가지고 있기 때문이다. 보편성이란 말 그대로 모두가 예외 없이 기본소득을 받을 자격이 있다는 뜻이다. 그러니까 어린이나 청소년은 물론, 갓난아이일지라도 기본소득을 받는 것이다. 이는 기본소득이 기존 복지제도와 가장 크게 다른 점 중 하나다. 기존 복지제도는 먼저 혜택받을 사람을 고른다. 주로 소득이 적거나 일자리를 잃은 사람들이다. 또는 나이가 적거나 많거나 장애가 있어야 혜택을 받을 수 있다. 하지만 기본소득은 받을 사람을 고르지 않는다. 기본소득 앞에서는 모두가 평등하다.

여기에 기본소득의 중요한 특징이 하나 더 있다. 바로 '개별성'이다. 기본소득은 '가족 대표'가 아니라 '개개인'에게 지급된다. 코로나19 때문에 전 국민이 받은 '재난기본소득' 혹은 '긴급재난지원금'을 떠올려보라. 가족 숫자에 따라 세대주에게 한꺼번에 입금되었다. 더구나 가족 한 명당 몫도 불분명했다. 1인 가구는 40만 원인데, 4인 가구는 160만 원이 아니라 100만 원이었다. 대부분 가장인 '아빠'나 살림살이하는 '엄마'가 그 돈을 받았다. 물론 아빠나 엄마는 가족을 위해 그 돈을 썼으리라. 하지만 각자 자기 몫을 내어 함께 쓰는 것과 한 사람이 모두 내어 쓰는 것은 커다란 차이가 있다.

이와 달리 기본소득은 아빠와 엄마 그리고 아이들 개개인에게 모두 똑같은 액수로 지급된다. 아기가 태어나면 병원에서 즉시 예방접종을 하듯이 부모는 아기 이름으로 기본소득 통장을 만들어야 한다. 기본소득은 압류하거나 담보로 사용할 수 없다. 그러니 기본소득은 갓 태어난 아기와 평생함께할 든든한 친구다. 아이는 성장하면서 기본소득에 관해 배우게 된다. 물론 아이에게 부모는 여전히 세상에서 가장 소중한 존재다. 동시에 아이는 자신이 부모와 동등한 권리를 가진 인격이라는 사실을 깨닫게 된다.

기본소득은 부모에게도 든든한 친구다. '동반 자살'을 선택한 부모들은 대개 돈 문제 때문에 벼랑 끝으로 내몰렸다. 그들은 아이에게 궁핍한 삶을 물려주고 싶지 않았을 것이다. 하지만 그들에게 기본소득이 있었다면 선택은 달라지지 않았을까.

"가장 위대한 영광은 한 번도 실패하지 않는 데 있는 것이 아니라, 실패할 때마다 일어서는 데 있다."

모두에게 기본소득을. 그때야 비로소 공자의 말씀은 평범한 우리 모두에게 단지 '좋은 말'이기를 그칠 것이다.

코로나19를
막는 방법

몇 년 전 일이다. 아침 9시 진료가 시작되기 직전, 동네 이비인후과에 긴장감이 흘렀다. 부원장인 내게 원장님은 말씀하셨다.

"아침 9시 첫 진료는 무조건 빨라야 해."

환자 대기실에는 아이를 옆에 앉힌 십여 명의 부모들, 주로 엄마들이 시계를 바라보며 초조하게 기다리고 있었다. 드디어 진료 시작. 아직 이비인후과 진료가 서툴렀던 내가 시간을 끌면, 안내대의 간호사가 어김없이 부모들의 항의를 전달했다.

"유치원(또는 학교) 보내야 하니, 빨리 좀 봐달래요."

"아이 맡기고 출근해야 해서 시간이 없대요."

한 초등학교 저학년 아이는 38도가 넘는 고열에 몸살도 심했다. 목이 많이 부은 것을 보니 세균성 편도염이 의심스러웠다. 나는 아이가 집에서 쉬면 좋겠다고 엄마에게 조언했다. 그러자 엄마가 걱정스러운 표정으로 물었다.

"혹시 열이 빨리 떨어지는 주사나 수액 없나요? 제가 오늘 꼭 출근해야 해서…"

그렇게 몸이 아픈 아이들은 병원에 들른 다음 유치원이나 학교로 향했다. 자기도 모르게 친구들에게 병을 퍼뜨렸을 것이다.

또 한번은 한 청소년이 진료를 받으러 왔다. 함께 온 엄마 말로는 전날부터 미열이 있었다고 한다. 그런데 환자에게 직접 증상을 묻자 새로운 사실이 드러났다. 그는 5일 전부터 오한을 느끼고 있었다. 그러면 감기가 아닐 가능성이 크다. 이럴 때 부모와 자녀가 의사 앞에서 말다툼을 벌이는 경우가 종종 있다.

"너 나한테는 어제부터 아프다고 했잖아?"

"으슬으슬 추운 게 그냥 날씨 때문인 줄 알았다고."

환자에게 독감 검사를 했더니 양성이었다. 독감은 사실

자기도 모르는 사이 가볍게 앓고 지나가는 경우가 많다. 그 청소년도 그런 경우여서 마스크 착용이나 손 씻기, 외출 자제 같은 위생 수칙을 전혀 지키지 않았다. 이런 이유로 독감은 정확한 치명률을 계산하기 어렵다. 누가, 얼마나 걸리는지 알기 어렵기 때문이다. 하지만 당뇨병, 폐병, 심장병, 콩팥병 같은 만성질환이 있는 사람이나 어르신들에게 독감은 치명적일 수 있다. 우리나라에서만 매년 2000여 명이 독감으로 목숨을 잃는다. 코로나19는 독감과 치명률이 비슷할 것으로 추정하고 있다. 2020년 10월 8일 기준으로 우리나라 코로나19 사망자 수는 427명이다. 그러니 독감의 전염성이 얼마나 강한지 알 수 있다.

독감 치료제를 처방하면서 엄마에게 당부했다. 독감 치료제를 먹는 첫 이틀 동안은 환자가 밤에 혼자 있지 않게 해야 한다. 그 약을 먹은 청소년들이 간혹 환청, 환각 같은 부작용을 겪을 수 있기 때문이다. 최근 5년 동안 두 명의 청소년이 독감 치료제를 먹고 자살했다. 이 이야기를 전하자 엄마의 표정에서 당혹스러움이 묻어났다. 그녀는 들릴 듯 말 듯 내게 물었다.

"밤에 출근해야 하는데, 그런 부작용이 흔한가요?"

"물론 그렇지는 않습니다만."

아픈 아들을 두고 밤에 출근해야 하는 엄마에게 내가 더 해줄 수 있는 말은 없었다.

'감기는 만병의 근원'이라는 말이 있다. 현대의학을 배운 의사로서 이 말은 참 곤란하다. 의학적으로 감기는 감기일 뿐이기 때문이다. 하지만 이 옛말이 결코 틀린 것만은 아니다. 바이러스질환인 감기는 간혹 2차 세균 감염을 통해 중이염이나 부비강염, 심지어 폐렴으로 발전하기도 하니까. 또 많은 질병이 초기에는 감기 증상과 비슷하다. 열이 나거나 몸살을 느끼고, 기침을 하거나 침을 삼킬 때 목이 아프다. 대표적으로 폐렴이 그렇다. 세계 최고의 의료 수준을 자랑하는 우리나라에서도 폐렴은 2019년 사망 원인 3위였다. 물론 폐렴으로 인한 희생자 대부분은 위에서 언급한 것처럼 면역력이 약한 환자들이었다.

코로나19 역시 초기 증상으로 감기와 구별하기가 거의 불가능하다. 감기 증상이 있는 환자가 의사를 만나야 하는 이유는 감기약을 받기 위해서가 아니다. 감기 이외에 다른 병이 있는 건 아닌지 확인하기 위해서다. 그러자면 감기 증상을 가진 환자들이 처음 며칠은 집에서 쉬면서 스스로 몸을 돌보는 것이 좋다. 그러면 의사는 감기 환자를 덜 만날 수 있다. 의사가 감기가 아닌 다른 질병을 의심할수록 진단은 정확해진다.

아파도 쉬지 못하기는 직장인도 마찬가지다. 동네 의원의 점심시간은 보통 오후 1시부터 2시까지다. 직장인들이 점심시간을 이용해 진료받을 수 있도록 하기 위해서다. 감기에 걸린 직장인에게 나는 종종 일찍 퇴근해서 푹 쉬라고 권한다. 하지만 점심시간에 병원을 찾는 직장인들은 애초에 그럴 마음이 없다.

"감기 때문에 그럴 수야 있나요. 기침을 자꾸 하니까 동료들에게 눈치 보여서 그렇죠."

사실 쉬고 싶어도 쉴 수가 없다. 우리나라는 OECD 회원국 가운데 '상병수당'이 없는 나라 넷 중 하나다. 놀랍게도 '근로기준법'에는 병가나 질병 휴직을 규정하는 조항이 아예 없다. 그래서 유급 병가는 전적으로 기업의 취업규칙에 달려 있다. 2018년 〈한겨레21〉이 493개 민간기업의 취업규칙을 분석한 결과, 유급 병가를 보장하는 기업은 단 7.3퍼센트에 불과했다.

질병관리청에서는 발열이나 기침 등 호흡기 증상이 있는 사람은 3~4일 집에서 쉬라고 당부한다. 하지만 나는 진료실에서 아파도 쉬지 못하는 사람들을 수없이 보았다. 우리 사회는 지난 수십 년 동안 '근면 성실'만을 시민의 덕목으로 강조, 강요해왔다. 감기는 정신력으로 극복해야 할 사소한 장애물에 불과했다. 이런 문화와 가치관은 우리 삶의 여러 곳 그리고 종교 활동에도 영향을 미쳤을 것이다. 확진자가 하루에도 수백 명씩 나오던 2020년 3월, 정부의 요청에도 불구하고 대형교회의 66퍼센트는 예배를 중단하지 않았다. 그리고 수개월이 지난 2020년 8월, 서울의 유명 교회 신도와 집회 참가자를 중심으로 코로나19 확진자가 하루에 수백 명씩 쏟아져 나왔다. 우리나라 코로나19 방역은 지난 2~3월 '신천지 사태' 이후 최대 위기를 맞았다.

코로나19를 막는 방법은 무엇일까? 단순하지만 강력한 방법이 있다. 외국에서 입국하는 사람들은 현재 의무적으로 2주 동안 자가격리를 하고 있다. 그들처럼 우리 모두 2주 동안 집에서 쉬면 된다. 코로나19의 잠복기가 바로 2주다. 새로운 숙주를 발견하지 못하면 바이러스는 더 퍼질 수 없다. 2020년 8월, 정부가 검토했던 '사회적 거리두기 3단계'에는 10인 이상 모임이나 행사 금지, 고위험 민간 다중시설 운영 중단, 학교나 유치원의 휴원이나 원격수업, 민간기업에서 필수 인원 이외 재택근무 권고 등의 내용이 담겨 있다. 하지만 민간기업이 재택근무 '권고'를 따라야 할 의무는 없다. 또 10인 미만 모임이나 행사는 여전히 가능하다. 나는 이보다 더 강력한 이동금지 조치가 2주 동안 필요하다고 본다. 유급 병가도 없는 나라에서 꿈같은 소리처럼 들릴지 모른다. 더구나 강력한 이동금지 조치로 제일 큰 고통을 당할 사람들은 그날 벌어 그날 먹고사는 저소득계층일 테니. 코로나19 유행이 여전한데도 미국을 비롯한 많은 나라에서 이동금지를 해제한 것은 바로 저소득층의 생계와 경제 침체 때문이다. 이동금지 기간에 코로나 때문이 아니라 굶어 죽게 생겨서다. 그래서 재난기본소득이 다시 필요해졌다.

여기에서 기본소득의 중요한 특징 하나를 살펴보자. 바로 '사전事前성'이다. '일이 벌어지기 전에 먼저 한다'는 뜻이다. 확진자가 급증하고 정부에서 사회적 거리두기 3단계 시행을 검토하자, 여기저기에서 2차 긴급재난지원금 이야기가 흘러나왔다. 하지만 2020년 7월에 국회에서 통과된 3차 '추경'에는 2차 긴급재난지원금이 포함되어 있지 않았다. 지난 3월에 우리는 강도 높은 거리두기를 이미 경험했다. 그런데 긴급재난지원금은 5월에나 나왔다. 이것이 전형적 '사후事後성'이다. 하지만 강력한 이동금지를 시행하기 위해서는 재난기본소득을 나중이 아니라 먼저 지급해야 한다. 그래야 가난한 사람들도 이동금지에 적극 참여할 수 있다.

기본소득은 사전성을 갖는다. 이것은 다른 공공사회복지

서비스와 크게 다른 특징이다. 사실 젊고 건강하고 괜찮은 일자리가 있는 성인은 공공사회복지서비스의 혜택을 피부로 느끼기 어렵다. 나이가 들거나 병이 나거나 일자리를 잃었을 때에야 사회복지서비스가 등장한다. '일이 벌어지면' 그때 도와준다. 하지만 기본소득은 '먼저' 모두에게 지급된다. 사후적으로 돕는 사회복지서비스는 '원상회복'이 목표다. 물론 이런 공공서비스 역시 여전히 중요하다. 그런데 기본소득은 사람들의 삶을 제자리로 돌려놓는 것이 목표가 아니다. 완전히 새로운 선택을 할 기회, 누구라도 역동적으로 자신의 삶을 개척할 기회를 주는 것이다.

재난기본소득에는 얼마나 큰 돈이 들까? 2019년 7월에 한국은행은 〈경제전망보고서〉에서 2020년 우리나라 경제성장률을 2.5퍼센트로 예상했다. 하지만 코로나19 대유행이 닥치면서 모든 경제 예측은 휴짓조각이 되었다. OECD는 2020년 우리나라 경제성장률을 -1.2퍼센트로 조정해서 다시 발표했다. 이는 OECD가 발표한 47개국 중 가장 높은 성장률이었다. 우리나라는 코로나19에 맞서 가장 잘 싸운 나라라고 할 수 있다. 하지만 코로나19 때문에 우리나라가 입은 피해는 절대 작지 않다. 2019년 우리나라 명목 GDP는 1조 6422억 달러였다. 우리나라가 2019년 예상대로 2.5퍼센트 성장했다면, 2020년 GDP는 1조 6832억 달러였을 것이다. 하지만 OECD 예상대로 1.2퍼센트가 줄어들면, 2020년 명목 GDP는 1조 6225억 달러가 된다. 코로나19 때문에 명목 GDP 607억 달러, 우리나라 돈으로 환산하면 대략 73조 원에 달하는 돈이 날아간 것이다. 만약 일부 교회에서 시작된 코로나 대유행이 걷잡을 수 없이 번진다면, 우리나라 경제는 1.2퍼센트 후퇴하는 데 머물지 않을 것이다. 국민 모두에게 40만 원의 재난기본소득을 한 번 지급하는데 드는 돈은 약 20조 원이다. 더 큰 피해를 막을 수 있다면, 충분히 감당할 수 있는 액수다.

더 중요한 문제가 남아 있다. 코로나19 이후 이른바 '포스트 코로나'는 어떻게 될까? 〈한겨레21〉은 2020년 5월 한국기후변화학회 회원 70명에게 흥미로운 설문조사를 진행했다. '코로나19의 발생 원인이 무엇이냐'는 질문에 '난개발 등 환경파괴'(66퍼센트·46명)에 이어 '기후변화'가 2위(51퍼센트·36명)로 꼽혔다. 다음 그래프에서 보듯이 응답자의 94.2퍼센트는 코로나19와 같은 세계적 대유행을 부르는 감염병의 발생 주기가 앞으로 더 단축될 것이라고 보았다. 응답자의 39.7퍼센트는 3년 이내, 32.4퍼센트는 5년 이내에 코로나19와 같은 신종 감염병이 발생할 것으로 예상했다. 안타깝게도 2020년

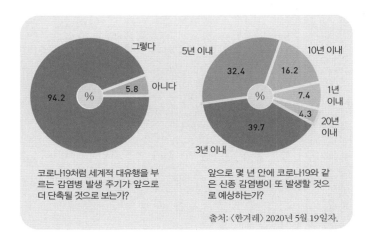

그렇다 94.2 **아니다** 5.8 %

코로나19처럼 세계적 대유행을 부르는 감염병 발생 주기가 앞으로 더 단축될 것으로 보는가?

5년 이내 32.4 **10년 이내** 16.2 **1년 이내** 7.4 **20년 이내** 4.3 **3년 이내** 39.7 %

앞으로 몇 년 안에 코로나19와 같은 신종 감염병이 또 발생할 것으로 예상하는가?

출처: 〈한겨레〉 2020년 5월 19일자.

10월 현재 코로나19는 여전히 진행 중이고 아직 그 끝을 알수 없다. 하지만 적어도 '포스트 코로나'는 늘 감염병에 대비해야 하는 시대일 가능성이 크다. 따라서 일시적인 재난기본소득은 근본 대책이 될 수 없다.

우리는 삶의 속도를 늦추어야 한다. 조금이라도 아프면눈치 보지 말고 집에서 쉬어야 한다. 기침약을 먹어가면서까지 직장에서 버티면 안 된다. 아픈 아이를 학교에 보내고 출근하거나 집에 혼자 두고 일하러 가지 말자. 아이가 나을 때까지 집에서 함께 시간을 보내자. 감염병이 대규모로 유행하면 모두가 2주 동안 집에서 쉴 수 있어야 한다. 기본소득이이것을 가능케 한다. 코로나19가 인류의 삶을 뒤흔들었듯이 기본소득도 우리 문화와 가치관을 크게 바꿀 것이다. 기본소득이 있다면, 우리 삶은 지금보다 훨씬 느긋해지고 건강해질 것이다.

신천지 코로나?
그들에게도 기본소득을

먼 곳에서 대진하는 날이라 이른 아침 서둘러 집을 나섰다. 그런데 지하철역에 도착할 때쯤 깜짝 놀랐다. 마스크를 안 하고 나온 것이다. 2020년 5월 26일부터 대중교통을 이용할 때 마스크 착용이 의무화되었다. 마스크를 착용하지 않으면 지하철을 탈 수 없다. '새벽에 약국 문이 열렸을 리도 없고, 어쩌지?' 싶었는데 다행히 역사 안 편의점에서 마스크를 살 수 있었다.

동네 의원에서 진료하다 보면 요즘에도 마스크를 쓰지 않은 어르신을 종종 만난다. 고혈압, 당뇨병 같은 만성질환을 앓는 어르신들은 의료기관에서 마스크를 꼭 써야 한다. 내가 놀라서 물었다.

"아이고, 어르신! 마스크를 안 쓰고 병원에 오시면 어떡해요?"

"어허, 깜빡했네. 미안하네."

눈만 뜨면 코로나 뉴스에 하루에도 몇 번씩 재난 문자가 요란하게 온다. 그래도 사람들은 실수한다. 그런데 규칙 지키기를 아예 거부하는 사람도 있다. 지하철에서는 수시로 마스크 쓰지 않은 승객은 내리라는, 무시무시한 안내 방송이 나온다. 그래도 마스크를 쓰지 않은 승객이 간혹 보인다. 마스크로 입만 가리거나 턱에 걸친 승객은 더 많다. 지난 6월 한 승객은 마스크를 착용하라고 다른 승객이 요구하자 난동을 부려서 지하철을 7분이나 지연시켰다. 어떤 사람은 마스크를 쓰라는 버스 기사에게 주먹을 휘두르고 목을 물어뜯기도 했다. 두 승객 모두 구속영장이 청구되었다.

2020년 3월 신천지교회 신도를 중심으로 코로나19가 빠르게 번지던 때였다. 당시 우리나라는 세계에서 중국 다음으로 확진자가 많은 나라였다. 한 어르신이 진료실에 들어섰다. 전날부터 기침이 살살 나는데 코로나가 아닌지 걱정되신단다. 그런데 갑자기 핏대를 세우며 소리를 치셨다.

"그놈의 신천지 것들 싹 다 없애버려야 해. 그것들 때문에 온 나라가 무슨 고생이야?"

그즈음 청와대 홈페이지에는 '신천지 예수교 증거장막성전(신천지)의 강제 해체(해산)' 청원이 올라왔다. 서울시는 이만희 신천지교 총회장 및 12개 지파장을 살인죄, 상해죄 등의 혐의로 서울중앙지검에 고발했다. 이재명 경기도지사는 경찰과 소방병력까지 동원해 가평 신천지 연수원에 쳐들어갔다. 온라인 게시판은 신천지에 대한 성토와 고발로 넘쳐났다. 그들의 은밀한 포교 행위, 교주에 대한 신격화, 이단적 교리, 엄격한 신도 관리 등이 모두 비난의 대상이 되었다. 심지어 신천지에 내란죄를 적용해야 한다는 주장까지 나왔다.

"신천지는 코로나19 바이러스를 만들지 않았다."

신천지 대변인의 발언은 오히려 여론의 뭇매를 맞았다.

1981년 6월, 미국 로스앤젤레스 몇몇 병원에 동성애자 남성 다섯 명이 각각 찾아왔다. 그들은 보통 사람들은 쉽게 걸리지 않는 폐포자충 폐렴에 걸렸고 면역력이 무척 약해진 상태였다. 의사들도 처음 보는 병이라 '동성애질환Gay-Related Immune Deficiency'이라는 황당한 이름으로 부르기도 했다. 환자들이 속수무책으로 죽자 이 병의 공포가 세계를 휩쓸었다. 그리고 그 공포는 동성애 혐오를 낳았다. 바로 에이즈 이야기다.

에이즈의 원인은 동성애가 아니라 인간면역결핍바이러스HIV다. 동성끼리 성관계를 갖는다고 바이러스가 생겨나는게 아니다. 동성애든 이성애든 '안전하지 않은 성관계'가 HIV 감염의 주 경로 중 하나다. 2016년 UNAIDS 보고서에 따르면, 세계 HIV 감염자의 8퍼센트만이 남성 동성애자였다. 더구나 이제 HIV/AIDS는 '불치병'도 아니다. 항레트로바이러스 요법을 받는 환자들은 보통 사람과 비슷한 수명을 누린다.

안타깝게도 HIV/AIDS에 대한 사회적 인식은 여전히 뒤처져 있다. 해마다 퀴어문화축제가 열릴 때면 "동성애=에이즈"라는 팻말을 든 종교인들을 만날 수 있다. 우리나라만의 문제는 아니다. 세계 115개국에 거주하는 3340명의 남성 동성애자를 조사한 2014년 연구 결과를 보면,[1] 동성애를 처벌하는 나라에 거주하거나 높은 수준의 성적 낙인Sexual stigma을 느끼는 사람일수록 콘돔을 사용하는 비율이 낮았다. 그리고 HIV 검사도 덜 받았다. 혐오가 커질수록 사람은 감추고 숨게 된다. 그러면 전염병은 더 퍼진다.

다행히 신천지교회에 대한 인식은 빠르게 변했다. 신천지 사태 이후 이태원 클럽, 콜센터와 물류센터, 교회와 주한미군에서 집단 감염이 발생했기 때문이다. 신천지교회만이 문제가 아니었다는 사실을 사람들은 인정할 수밖에 없었다.

"신천지는 코로나19 바이러스를 만들지 않았다."

신천지 대변인의 이 발언을 좀더 냉정하게 돌아볼 수 있게 되었다.

의학이나 방역에서 100퍼센트란 존재하지 않는다. 인간과 환경을 완벽하게 통제하는 것은 불가능하기 때문이다. 전염병은 그런 약한 고리를 통해 퍼진다. 신천지 신도들 수천 명은 바짝 붙어 앉아 예배를 보았다. 가벼운 감기는 신앙의 힘으로 이겨내라고 신도들끼리 서로 압박하기도 했다. 은밀한 포교 방식 때문인지 확진자의 동선을 투명하게 밝히지도 않았다. 신천지교회는 약한 고리였다. 하지만 언제 어디서든 거짓말을 하고 규칙을 어기는 사람은 있기 마련이다. 이때 우리가 해야 할 일은 누구를 비난하는 것이 아니다. '거기에서 무엇을 배울까?' 하고 물어야 한다.

기본소득에 대한 가장 흔한 반대 논리는 이렇다.

"일하지 않는 자들에게 왜 소득을 주는가?"

사회가 '쓸모없는' 사람들을 세금으로 먹여 살릴 필요가 없다는 것이다. 여기에는 소득이란 언제나 노동의 대가라는 규범과 문화가 자리 잡고 있다. 반면 기본소득은 누구에게도 무엇을 하라거나 무엇이 되라고 요구하지 않는다. 이러한 기본소득의 특징을 '무조건성'이라고 부른다. 기본소득에는 아무런 조건이 없다는 뜻이다. 일하든 그렇지 않든 상관없다. 종교는 물론이고, 성 정체성이나 성적 지향을 따지지도 않는다.

기존 복지체계는 '모두가 일하는 사회' '완전고용 사회'가 목표였다. 일해서 번 돈으로 건강보험이나 고용보험, 국민연금에 보험료나 기여금을 낸다. 다치고 병들거나 '일시적으로' 일자리를 잃거나 은퇴했을 때를 대비하기 위해서다. 소득이 없거나 낮은 사람들은 국가에서 최저 생계를 보장해준다. 한마디로 '열심히 일해서 잘 살자'는 것이다. 기본소득은 바로 이런 규범과 문화, 체제가 이제는 바뀌어야 한다고 주장한다. 기본소득이 단지 하나의 복지정책이 아니라고 강조하는 이유다.

그럼, 모두에게 조건 없이 기본소득을 주어야 하는 이유는 무엇일까? "일하지 않는 자들에게 왜 소득을 주는가?" 이 질문을 따져보자. 여기에는 '소득이란 일한 대가'라는 전제가 깔려 있다. 과연 그럴까? 2018년 국내 30대 대기업 최고경영자가 받은 연봉은 일반 직원 평균연봉의 30배에 달했다. 김택진 엔씨소프트 대표는 직원 평균연봉 9800만 원의 154배인 138억 원을 받았다(《조선비즈》 2019년 4월 5일자). 최고경영자들이 아무리 뛰어난 능력을 갖춘 사람들이라 할지라도 직원들보다 30배나 더 일했다고는 믿기 어렵다. 여기에는 우리가 짐작하고 있는 불공평이 숨어 있다. 하지만 기본소득은 여기에서 더 나아간다. 노동자가 받는 소득은 오로지 그가 일한 대가일까?

선조들은 우리에게 위대한 지적·문화적 유산을 남겨주었다. 뉴턴의 역학이나 아인슈타인의 상대성이론을 떠올려보자. 현대 과학은 위대한 선조들의 지적 유산 위에 서 있다. 현대 과학의 성과가 없다면 기업들은 단 하나의 상품도 생산하지 못했을 것이다. 다시 말해 우리가 만나는 상품에는 선조들의 노동이 켜켜이 쌓여 있다. 이것을 결코 특정 개인이나 집단이 차지해서는 안 된다. 그것은 모두의 것이기 때문이다. 자연과 생태, 기후는 어떤가? 대기, 하천, 강, 바다, 산, 땅은 지구인 모두가 나누어 쓰고 후대에 물려줘야 할 환경이자 자원이다. 그 위에서 공장은 상품을 생산하고 사람들은 이윤과 임금이라는 형태로 소득을 얻는 것이다.

이것을 기본소득은 '공통부'라고 부른다. 공통부란 특정인이나 집단이 아니라 우리 모두에게 속한 재산이나 자원, 유산을 뜻한다. 한 해 생산물 가운데 공통부에서 나온 것은 애초에 기업가나 생산에 직접 참여한 노동자의 것이 아니다.

물론 기업들이 환경개선부담금처럼 '공통부 사용료'를 일부 부담하고 있기는 하다. 하지만 이윤과 임금 속에는 공통부가 행한 '기적'이 훨씬 더 많이 들어 있다. 기본소득은 이렇게 모두에게 속한 것을 모두에게 나누는 것이다.

따라서 신천지 신도들도 기본소득을 받을 권리가 있다. 그들이 비록 가족과 직장을 내팽개치고 비밀스러운 종교 활동에만 힘을 쏟는다 해도 그렇다. 기본소득은 신천지 신도들을 새롭게 바라볼 기회를 준다. 우리가 사회를 '공동체'라고 부를 수 있는 이유는 무엇일까? 그것은 우리 사회를 떠받치는 공통부에 대해 모두가 똑같은 청구권이 있기 때문이다. 그런 까닭에 우리는 평등하다. 그렇다면 신천지 신도들도 좀 더 너그럽게 바라볼 수 있지 않을까.

개미 집단에는 일하지 않는 개미가 20~30퍼센트 존재한다. 일본 홋카이도대학 진화생물학 연구팀이 발표한 내용은 다음과 같다. 모두 열심히 일하는 개미로 구성된 집단과 일하지 않는 개미가 있는 집단으로 나누어 관찰해보니, 첫째 집단에서는 구성원 모두가 일제히 피로해졌고 집단은 멸망했다. 반면 둘째 집단은 더 오래 존속했다. 일하는 개미가 피로해졌을 때 놀던 개미가 일을 시작했기 때문이다. 연구팀은 "일하지 않는 개미가 항상 있는 비효율적인 시스템이 집단 존속에 꼭 필요하다"고 지적했다(《조선일보》 2016년 2월 18일자).

코로나19로부터 우리는 무엇을 배울 수 있을까? 실수로 규칙을 어기는 사람, 지키기 곤란한 사람, 지키기를 아예 거부하는 사람은 항상 있기 마련이다. 그들은 방역에서 약한 고리일 뿐 병원균을 만들지는 않았다. 혐오는 전염병 확산을 부추겨 사회적 질환으로 만든다. 약한 고리가 있다면 튼튼한 고리로 여러 겹 둘러싸면 될 일이다. 인간 사회에는 언제나 예외가 존재해왔으며, 예외를 허용하는 사회일수록 성숙하다. 일하지 않는 20퍼센트 개미가 있는 집단처럼 말이다. 그러자면 규칙을 꿋꿋하게 지키고 불편함을 견디는 사람들에게도 응원이 필요하다. 코로나19 때문에 소득은 줄어들고, 친구를 만나 회포를 풀기도 어려운 때다. 코로나19에 지친 그들도 쉬면서 자신과 가족을 돌볼 시간이 필요하다. 따라서 재난기본소득은 한 번으로 그쳐서는 안 된다. 또 코로나19를 기회 삼아 항구적인 기본소득 도입을 서둘러야 한다.

독감 할머니와
투잡 여성

코로나19가 유행하기 몇 달 전의 일이다. 작고 구부정한 할머니가 "쌕쌕" 거칠게 숨을 쉬며 진료실을 찾았다. 한눈에 봐도 병색이 완연했다. 74세 할머니는 3일 전부터 몸살, 오한, 기침으로 고생하다가 그날에야 병원에 온 것이다. 체온은 36.6도로 정상이었지만 어르신들은 폐렴에 걸려도 열이 없는 경우가 흔하다. 청진을 위해 웃옷을 올리자, 언제 찼는지 짐작할 수 없이 낡은 복대가 보였다. 마치 제2의 신체 같았다. 허리 통증을 견디며 노동하는 어르신들이 흔히 그랬다. 나는 아직도 일을 하시는지 여쭤보았다.

"예, 찜질방에서 청소합니다."

할머니 피부는 유난히 칙칙하고 검었다. 다른 병이 있는지 여쭤보았더니 역시 만성콩팥병을 앓고 있었다. 혈액투석을 위한 혈관 수술도 차일피일 미루고 계신단다. 그때는 독감이 유행하는 철이었다. 만성콩팥병 환자는 독감 예방주사를 꼭 맞아야 한다. 더구나 65세 이상은 무료다. 나는 예방주사를 맞았는지 다시 여쭸다.

"아니요. 시간이 안 맞아서요. 죄송합니다."

자식뻘인 의사에게 할머니는 밑도 끝도 없이 죄송하다고 했다. 검사키트에 붉은 줄이 선명하게 나타났다. A형 독감이었다. 가쁜 숨을 몰아쉬는 할머니가 걱정스러워 가슴 엑스레이를 찍었다. 폐에 지저분한 음영이 보이고 심장도 심하게 커져 있었다. 더욱 불안해졌다. 급하게 할머니의 혈압을 쟀다.

82/53mmHg!

나는 할머니에게 가족과 함께 빨리 응급실에 가시도록 권했다. 간호사는 내가 쓴 진료의뢰서를 할머니에게 가져다드렸다. 돌아온 간호사에게 물었다.

"가족이랑 연락이 되었대요?"

"아니요. 혼자 가시겠대요. 그런데 왠지 응급실에 안 가실 것 같아요."

할머니는 독감의 주요 합병증인 폐렴에 걸려서 입원이 필요한 상태였다. 폐렴 중증도 지수인 'CRB-65'에 따르면, 나이 65세 이상, 수축기 혈압이 90mmHg 미만이거나 이완기 혈압이 60mmHg 이하면 입원 치료가 필요한 중한 폐렴을 뜻한다. 이 경우 관찰된 사망률이 8.15퍼센트나 된다. 얼마나 위험한 상황일까? 2020년 7월 30일 질병관리본부(현 질병관리청) 발표를 보면, 우리나라 70~79세 코로나19 환자의 치명률은 9.51퍼센트다. 할머니의 병은 코로나19만큼이나 위험했다. 더구나 면역력이 약한 만성콩팥병 환자는 더 위험하다.

우리나라 의료체계에서는 할머니가 어떻게 되었는지 내가 알 방법이 없다. 할머니는 왜 가족에게 연락하거나 응급실에 가는 것을 주저했을까? 자식들 걱정시키는 것이 싫거나 치료비 때문일 수도 있다. 자식들과 왕래가 끊겼을지도 모른다. 할머니는 찜질방에서 먹고 자면서 일하고 계셨다. 일 때문에 무료 독감 예방접종도 맞지 못했고, 투석을 위한 수술도 미룬 상황이었다. 며칠 일을 못 하면 일자리만이 아니라 잠자리까지 잃을 테니까. 사망할 확률 8.15퍼센트. 손에 잡히지 않는 그 숫자보다 당장 먹고사는 문제가 더 두려웠던 것일까.

2020년 3월 10일, 여의도 증권가에서 새벽에 녹즙 배달을 하던 40대 여성이 코로나19 확진 판정을 받았다. 그런데 다음 날 영등포구청 발표에 사람들은 깜짝 놀랐다. 그 여성이 3월 6일까지 구로 콜센터에서 '투잡'을 했기 때문이다. 확진자가 100명 이상 발생한 바로 그 콜센터였다. 새벽에는 여의도에서, 낮에는 구로에서 일하는 생활을 그녀는 일 년 넘게 했다. 잠이 부족해서 몸이 천근만근 무거웠을 것이다. 그 몸으로 밀폐된 사무실에서 다른 상담원들과 다닥다닥 붙어 앉아 일했다. 그 뉴스를 보면서 나는 독감에 걸린 할머니가 떠올랐다.

'할머니는 폐렴이라는 고비를 잘 넘기고 지금 건강하실까. 덥다고 마스크를 벗지는 않으실까.'

면역력 약한 그 할머니는 밀폐된 찜질방에서 일했다.

2020년 5월 말에는 '새벽배송'으로 유명한 택배회사 물류센터에서 100명 넘는 확진자가 발생했다. 물류센터 직원들 역시 좁은 공간에 수백 명이 모여서 일했다. 업무 효율을 높이려고 직원들은 등을 맞대거나 마주 보는 방식으로 배치되었다. '2미터 거리 두기'는 애초에 불가능했다. 일용직 관리도 문제였다. 한 물류센터에서 일하는 노동자 1300여 명 가운데 일용직은 300여 명이었다. 그날그날 신청해서 일하는 일용직 노동자들이 어디서 무엇을 했는지는 알 수 없다(《조선비즈) 2020년 5월 28일자). 여기저기 옮겨 다니며 일할수록 코로나19에 걸릴 가능성은 커진다.

방역에는 항상 약한 고리가 생긴다. 일부 사람들이 방역 규칙 지키기를 거부하기 때문이다. 약한 곳을 빠르게 찾아 메우는 것이 방역의 역할이기도 하다. 그런데 전염병은 모두에게 똑같이 위험하지 않다. 특정 사람들은 코로나19에 더 취약하다. 우선 어르신이나 만성질환자들이 그렇다. 2020년 8월 19일 기준으로 80세 이상 확진자들은 치명률이 23.97퍼센트에 달했다. 반면 30대는 치명률이 0.1퍼센트에 불과하고 20대 이하는 아직 사망자가 없다. 안타깝게도 이런 현상은 치료제나 백신이 개발되기 전까지는 다른 해결책을 찾기 어려워 보인다. 하지만 우리가 지금 당장 도울 수 있는 사람들이 있다. 바로 찜질방, 콜센터, 물류센터 같은 열악한 환경에서 일하거나 일용직으로 일하는 노동자들이다.

2020년 5월, 정부는 모든 국민에게 긴급재난지원금을 지급했다. 여기에 더해 지방자치단체들도 다양한 이름으로 지원금을 보탰다. 하지만 긴급재난지원금이 코로나19 감염에 취약한 노동자들을 도울 수 있을까? 안타깝게도 그렇지 않다. 독감에 걸린 할머니를 생각해보자. 지원금 덕에 할머니는 일을 쉬면서 편히 치료받을 수 있었을까? 지원금은 일회

적이어서 언제 또 받을지 알 수 없다. 그러니 지원금 받았다고 잠자리까지 제공해주는 찜질방 일을 그만두기는 어렵다. 일용직 노동자들도 마찬가지다. 언제 일이 있고 언제 없을지 모른다. 지원금을 받더라도 일이 있으면 해야 한다.

이런 우려는 통계로 이미 밝혀졌다. 김재용 연세대학교 원주의과대학 교수팀이 우리나라 코로나19 환자 9148명의 건강보험공단 빅데이터를 분석했다. 의료급여 수급자, 그러니까 저소득계층이 사망할 위험은 건강보험료 상위 20퍼센트 직장 가입자보다 2.8배나 컸다. 김 교수는 "소득이 적은 사람일수록 평소 만성질환을 앓는 확률이 높아서 코로나19 사망 위험도 큰 것으로 분석됐다"고 밝혔다(MBC 2020년 7월 9일자). 코로나19 앞에서 우리는 평등하지 않다.

소득 수준이 건강에 큰 영향을 미친다는 사실은 이미 널리 알려졌다. 통계청에서 발표한 〈한국의 사회동향 2019〉에서 확인해보자. 다음 그래프에서 알 수 있듯 2017년 우리나라 소득 상위 20퍼센트의 기대수명은 85.8세지만, 소득 하위 20퍼센트의 기대수명은 79.32세. 부자는 가난한 사람보다 평균 6년이나 더 산다. 그런데 소득에 따른 기대수명 격차는 시간이 흐르면서 더 심해지고 있다. 2004년에는 기대수명 격차가 6.24세였지만, 2017년에는 6.48세로 더 커졌다. 가난

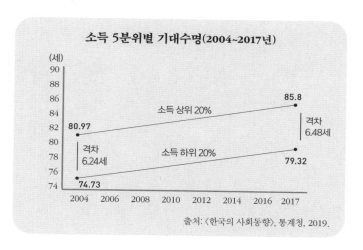

소득 5분위별 기대수명(2004~2017년)

(세)

소득 상위 20%
85.8
80.97
격차 6.48세

격차 6.24세
소득 하위 20%
79.32
74.73

2004 2006 2008 2010 2012 2014 2016 2017

출처: 〈한국의 사회동향〉, 통계청, 2019.

한 것도 억울한데 더 일찍 죽는 것이다.

미국은 코로나19 대유행에서 가장 큰 피해를 본 나라다. 2020년 10월 8일 기준으로 미국의 코로나19 사망자는 20만 8000명인데, 이는 전 세계 사망자 104만 명의 20퍼센트에 달하는 수치다. 그런데 미국에서는 빈부격차가 사망률에 미친 영향이 더 극명하게 드러났다. 2020년 5월 19일까지 2만 2000명이 사망한 뉴욕주에서는 '가슴 아픈 통계' 발표가 있었다. 가장 가난한 지역의 코로나19 사망률이 가장 부유한 동네보다 무려 15배나 높았다. 사망률이 가장 높은 지역에는 주로 가난한 흑인과 히스패닉이 살았고, 사망률이 가장 낮은 지역에는 부유한 백인들이 살았다(〈프레시안〉 2020년 5월 20일자). 코로나19 종식이 늦어질수록 우리나라에서도 삶과 죽음의 불평등이 더욱 깊어질 것이다.

코로나19는 대한민국의 약한 고리를 드러냈다. 열악한 환경에서 일하는 가난한 노동자들의 존재는 어제오늘의 문제는 아니었다. 단지 우리가 그들 문제에 별로 관심이 없었을 뿐이다. 그들과 하나로 연결되었다고 느끼지 못했기 때문이다. 하지만 코로나19 대유행은 우리 모두 한배를 탔다는 사실을 깨닫게 해주었다. 그들이 아프면 나도 아플 수 있다. 가난한 노동자들도 더 좋은 환경에서 일하고 아플 때는 쉬어야 한다. 그들이라고 더는 가난해서도 안 된다. 해결책은 무엇일까?

최저임금을 크게 올리고 노동환경 개선을 법으로 강제하는 방법이 있다. 물론 꼭 필요한 일이지만 한계가 있다. 가난한 노동자들은 주로 영세기업에서 일한다. 그런 기업은 임금을 갑자기 많이 올리거나, 인력이나 시설에 큰 투자를 하기 어렵다. 위험하고 나쁜 노동환경을 정부에서 일일이 찾아내기도 쉽지 않다. 그 안에서 일하는 노동자들이 먼저 나서서 목소리를 내야 한다. 하지만 내일 먹거리도 걱정해야 하는 노동자들에게는 그런 여유가 없을뿐더러, 그들 다수는 힘이 약한 비정규직이다. 세금으로 가난한 노동자만 지원해주는 방법도 있다. 하지만 이 방법은 조세 저항에 부딪힐 가능성이 크다. 국민에게 세금을 걷어서 특정 사람들만 도와주는 정책이기 때문이다.

이 문제를 푸는 열쇠는 역시 기본소득이다. 기본소득은 모두가 혜택을 보기 때문에 조세 저항이 상대적으로 약하다. 영세기업은 기본소득을 위해 낼 세금이 적으니 부담도 가볍다. 노동자들은 적은 임금에 기본소득을 더해 충분한 소득을 만들 수 있다. 그러면 임금이 적고 환경이 나쁜 직장을 그만둘 용기를 더 쉽게 낼 수 있다. 그만두겠다는 노동자가 많아지면, 일터에서 그들의 협상력은 강해진다.

"기본소득을 받으면 모두가 싫어하는 기피 업종 일은 누가 하겠는가?"

기본소득에 대한 반론 중 하나다. 화장실이나 찜질방 청소를 좋아하는 사람은 별로 없을 것이다. 답은 간단하다. 그런 일자리는 더 높은 임금, 더 좋은 노동환경을 제공해야 한다. 그러면 일할 사람이 생긴다. 폐렴에 걸린 할머니가 응급실 가기를 주저할 필요도 없게 될 것이다.

사회적
거리 두기?

왜 그랬을까? 그때를 떠올리면 쥐구멍에라도 들어가 숨고 싶다. 15년 전쯤이니까 내가 진료를 시작한 지 얼마 되지 않았을 때였다. 한 중년 여성이 초등학생 아이를 데리고 동네 의원에 왔다. 나는 그 아이가 조금 다르다는 사실을 바로 눈치챘다. 그 아이는 지적장애인이었다. 나는 환자 이야기를 듣겠다는 고집을 꺾고 보호자에게 물었다.

"어젯밤에 열이 났다고요? 혹시 얼마나 났나요?"

중년 여성은 조금 당황해하며 답했다.

"제가 어제는 함께 있지 못해서 그것까지는 모르겠어요."

많은 보호자는 아이의 증상을 과장하는 경향이 있다. "열이 펄펄 끓는다"라고 하지만 미열뿐이거나 "기침 때문에 며칠을 한숨도 못 잤다"라고 하지만 진료실에서 아이가 뛰어 놀기도 한다. 더구나 그 여성은 전날 밤 아이와 함께 있지도 않았다. 가족이 아닌 사람이 아이를 병원에 대신 데려오는 경우도 흔하다. 내 입에서는 불쑥 이런 말이 튀어나왔다.

"엄마가 아니신가 봐요?"

'억장이 무너진다'라는 표현이 있다. 그때 그녀 안에서 무언가 무너져 내린 것 같았다. 마치 조건반사처럼 금방 빨개진 그녀의 눈에서 눈물이 흘렀다. 그리고 습기 가득한 한숨을 참으로 길게 내쉬었다.

"하…. 제가 이 아이 때문에 얼마나, 어떻게 그런 말을…"

엄마는 말을 잇지 못했다. 그녀의 말이 둔기가 되어 내 뒤통수를 후려갈겼다. 그제야 지적장애인 아이와 함께한 세월 동안 그녀가 느꼈을 죄책감, 분노, 좌절, 슬픔이 내게도 스쳐 지나갔다. 내가 그녀에게 제대로 사과했는지는 기억이 나지 않는다. 정신이 나간 채 겨우 진료를 마쳤던 것 같다. 나는 언제쯤 타인의 슬픔을 진정으로 이해할 수 있을까.

부끄럽게도 그 시절, 나는 중증장애인 가정 방문 활동에 참여하고 있었다. 어느 날 방문한 집에서는 60대 여성이 30

대 지체장애인 아들을 돌보고 있었다. 뇌성마비 장애인인 아들은 자리에 누운 채 몸을 제대로 가누지 못했다. 아들은 초등학교 저학년 정도의 의사소통은 가능하다고 했다. 엄마는 아들과 눈을 마주치며 살가운 대화를 나누었다. 몸이 다 커버린 아들을 먹이고 입히고 씻기는 것은 온전히 엄마의 몫이었다.

'어쩌다 이렇게 두 식구만 남게 되었을까?'

그 가족의 사연이 궁금했지만 더는 묻지 못했다. 엄마가 종일 아들과 함께 지내야 하니 따로 소득이 있을 리 없었다. 정부에서 나오는 약간의 생계급여가 유일한 목숨줄이었다. 하지만 여성은 뜻밖에 무척 밝았다. 심각한 표정을 한 내가 부끄러울 지경이었다. 그녀의 담담한 한 마디가 오래 기억에 남았다.

"요즘은 다 잊고서 아들과 즐겁게 살아요. 다만 제가 죽고 나면 그때가 걱정이지요."

2000년대 초에는 장애인 자립 생활을 위한 '그룹홈'이나 '자립생활센터'도, 방문 돌봄서비스를 제공하는 장기요양보험도, 장애인의 이동을 위한 콜택시나 저상버스도 없었다. 장애인은 사회구성원이라기보다 특별히 관리해야 하는 대상이었다. 그리고 그 책임은 전적으로 가족이 지거나 장애인

'시설'이 맡았다. 집이든 시설이든 장애인들은 담장 밖으로 나설 수 없었다. 그러던 중증장애인들이 지하철 철로에 몸을 묶고 절규하던 때가 바로 2002년이었다.

"우리도 대중교통을 이용하고 싶다!"

꼭꼭 숨어 있던 장애인들이 처음 거리로 뛰쳐나온 것이다. 그전까지 '정상인'의 눈에 '장애인'은 보이지 않았다. 그제야 우리 사회는 장애인도 이동하고픈 욕구를 지닌 인간이라는 사실을 인정하게 되었다. 문제는 쇠사슬로 몸을 묶은 장애인들에게 있지 않았다. 그들을 맞이할 준비를 하지 못한 우리 사회에 있었다. 우리의 시선은 '그들' 장애인이 아니라 '우리 자신'에게로 향할 수 있었다. 그 이후 강산이 두 번 변할 만큼 시간이 흘렀다. 우리 사회는 모두를 동등한 구성원으로 맞이하고 함께 아파하며 돌보는 공동체로 나아가고 있을까?

세계를 휩쓸고 있는 코로나19는 안타까운 사연을 많이 만들었다. 2020년 3월 17일, 발달장애를 앓고 있던 고등학생 A군과 그를 돌보던 어머니 B씨가 함께 목숨을 끊었다. 어머니 B씨는 전날인 16일 유서를 남긴 채 아들과 함께 집을 나섰고, 17일 오후 서귀포시 남원읍 인근에 주차된 차량에서 숨진 채 발견되었다. 또다시 '동반 자살'이었다. 유서에는

"삶 자체가 너무 힘들다"는 내용이 적힌 것으로 알려졌다. 경찰 관계자는 '개인 가족사에 의한 사건'으로 구체적인 언급은 어렵다면서 "일각에서 제기된 코로나19 감염 우려 또는 돌봄 부담 때문이라는 의혹은 전혀 사실무근"이라고 밝혔다 (《소셜포커스》 2020년 3월 18일자).

그들이 죽음을 선택한 이유를 우리는 알 수 없다. 하지만 그들의 죽음을 막기 위해 우리는 할 수 있는 일을 다 했을까? 코로나19 유행 초기, 공공장소 어디를 가든 '사회적 거리 두기' 캠페인을 만날 수 있었다. 나는 무척 의아했다. 사회적인 거리를 두라니. 특정 집단을 사회적 거리 밖에 가두는 것, 그것을 차별과 혐오라고 부르지 않던가. 다행히 '사회적 거리 두기'라는 말은 점차 '물리적 거리 두기' 또는 '2미터 안전거리 두기' 등으로 바뀌었다. 또 '거리는 멀어도 마음은 가깝게' 같은 새로운 캠페인도 추가되었다. 진료실에서 "엄마 맞냐?"는 소리를 들어야 했던 지적장애 아이의 엄마, 자신이 죽으면 혼자 남겨질 지체장애 아들을 걱정하던 60대 엄마, 발달장애 아들과 함께 자살을 선택한 엄마. 그들에게 '사회적 거리 두기'는 공감하고 위로하는 손길과는 거리가 멀었을 것이다. 또 마음을 아무리 가깝게 한들 장애인 자녀를 단 일 초도 대신 돌봐주지 못한다.

더구나 우리 사회는 사회 관계망이 가뜩이나 취약한 터였다.

"당신이 곤경에 처했을 때 의존할 수 있는 가족이나 친구가 있습니까?"

이 질문에 대한 여러분의 답변은 무엇인가? 다음 그래프에서 보듯이 우리나라에서 이 질문에 긍정적으로 답한 사람의 비율은 OECD 국가들 가운데 압도적으로 낮았다. 한국인들은 서로 거리를 두고 살아서 외롭다. 기본소득에 대한 가장 강력한 반대 논리 중 하나는 이렇다.

"국민 모두에게 얼마 안 되는 돈을 똑같이 나누지 말고, 가난한 사람들만 집중적으로 지원해주자. 그럼 그들 삶이 훨씬 좋아지지 않겠는가?"

일단 기본소득은 장애수당이나 연금, 특수교육, 보건의료처럼 필요가 있는 사람들에게 주어지는 현물이나 현금 형태의 공공사회복지서비스를 부정하지 않는다. 오히려 우리나라에서는 이러한 서비스가 더 확충되어야 한다. 기본소득을 도입한다고 가뜩이나 취약한 사회복지서비스를 축소한다면, 나는 그러한 기본소득에 반대할 것이다.

가난한 사람들을 골라서 돕는 사회복지서비스를 '선별복지'라고 한다. 그런데 선별복지에는 여러 문제가 있다. 일단

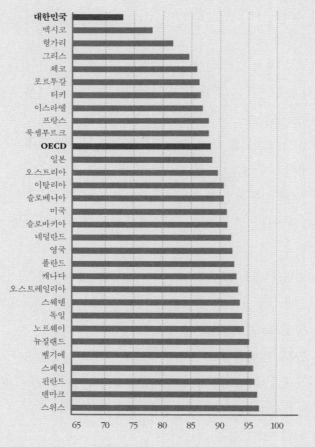

OECD 주요 국가들의 사회적 지원 네트워크 수준(2014년)

대한민국	
멕시코	
헝가리	
그리스	
체코	
포르투갈	
터키	
이스라엘	
프랑스	
룩셈부르크	
OECD	
일본	
오스트리아	
이탈리아	
슬로베니아	
미국	
슬로바키아	
네덜란드	
영국	
폴란드	
캐나다	
오스트레일리아	
스웨덴	
독일	
노르웨이	
뉴질랜드	
벨기에	
스페인	
핀란드	
덴마크	
스위스	

65 70 75 80 85 90 95 100

출처: 〈Measuring Well-being〉, How's Life, OECD, 2015.

앞에서 언급한 대로 조세 저항이 강하기 때문에 세금을 많이 거두기 어렵다. '스스로 일해서 돈 버는 사람'과 똑같은 대우를 해줄 수 없다는 압력도 작용한다. 그러니 선별복지는 충분한 수준으로 혜택을 늘리기가 쉽지 않다. '선별', 그러니까 고르는 과정 자체도 문제다. 정말 가난한지 심사하는 과정은 인간에게 수치심을 불러일으킨다. 실업급여도 대표적인 선별복지다. 현재 실직 상태이며 열심히 '구직활동'한다는 사실을 주기적으로 증명해야 한다. 이처럼 선별복지는 혜택을 받는 사람과 그렇지 않은 사람을 구별한다. 이것이야말로 '사회적 거리 두기'다. 반면 기본소득은 받을 사람을 선별하지 않는다. 기본소득을 받는 대신 무엇을 해야 한다는 조건도 없다.

선별복지는 '복지 함정'에 빠질 위험도 크다. 예를 들어보자. 몸이 불편한 A씨는 현재 소득이 없다. 그래서 생계급여 60만 원으로 생활하고 있다. 그런데 건강이 조금 회복되어 시간제로 일하면서 80만 원을 벌었다. 하지만 소득 80만 원이 생겼기 때문에 생계급여를 더는 받을 수 없다. 힘들게 일했는데 소득이 고작 20만 원 늘어난 것이다. A씨는 일자리를 포기하고 그냥 생계급여만 받기로 한다. 이것이 복지 함정이다. 하지만 기본소득은 다르다. A씨가 80만 원을 벌더라도 기본소득을 받을 수 있다. 그러면 A씨의 소득은 '80만 원 더하기 기본소득'이 된다. 이렇게 기본소득은 사회생활에 적극적으로 참여하는 동기가 될 수 있다. 기본소득은 사회적 거리를 줄여나간다.

나는 기본소득이 '얼마 안 되는 돈'이 아니라 충분한 수준이어야 한다고 주장한다.[2] 이것이 기본소득의 또다른 특징인 '충분성'이다. 사회구성원으로서 권리와 의무를 다할 수 있을 만큼 충분한 액수여야 한다는 뜻이다. 충분성은 기본소득을 지지하는 사람들 사이에서도 의견 차이가 크다. 처음부터 충분한 액수를 고집하면 기본소득을 도입하기 어려워질 수 있기 때문이다. 나 역시 기본소득을 하루빨리 도입하기 위해서 충분성은 조금 뒤로 미룰 수 있다고 생각한다. 하지만 결코 포기할 수는 없다. 충분하지 않은 기본소득은 그 장점 대부분을 잃기 때문이다.

우리가 꿈꾸는 참된 공동체는 공적 서비스만으로 이룰 수 없다. 사회복지서비스는 아무리 촘촘하게 짜도 구멍이 생기기 마련이다. 또 위에서 아래로 전달되는 공적 서비스는 딱딱하고 비효율적으로 흐를 수 있다. 공동체를 완성하는 것은 이웃사촌이나 지역사회다. 21세기에 웬 이웃사촌이냐고? 사실 나 역시 옆집에 누가 사는지 모른다. 하지만 그렇지 않았다면, 터놓고 왕래하고 서로 돕는 이웃이 있었다면, 제주도 모자는 다른 선택을 할 수도 있지 않았을까? 충분한 기본소득이 있다면 우리는 돈 버는 노동에 대한 압박, '먹고사는 두려움'에서 벗어날 수 있다. 그때 우리는 기꺼이 타인의 아픔에 공감하고 연대할 수 있다. 그것이 바로 기본소득 정신이다. 지금 우리에겐 '사회적 거리'가 아니라 '함께 아파하고 돌보는 사회'가 필요하다.

그들은 왜
코로나 검사를 거부할까?

아르메니아라는 나라에서 다제내성 결핵 환자를 치료한 적이 있다. 아르메니아는 러시아와 중동 사이에 낀 작고 가난한 나라다. 결핵은 참 무서운 병이다. 세계 곳곳에서 해마다 150만 명이 아직도 결핵 때문에 목숨을 잃는다. 그런데 '다제내성' 결핵은 더 무섭다. 중요한 항생제에 내성이 생겼기 때문에 치료가 무척 까다롭고 환자도 견디기 힘들어한다. 다행히 최근 신약이 개발되어 다제내성 결핵 치료에도 희망이 생겼다. 하지만 내가 근무할 때만 해도 다제내성 결핵 환자의 완치율은 50퍼센트에 불과했다. 어떤 환자들은 심각한 약 부작용 때문에 치료를 포기하기도 했다. 또 어떤 환자는 2년이라는 긴 치료 기간을 견디지 못하고 중간에 러시아로 떠나버렸다. 가족을 먹여 살릴 돈이 필요했기 때문이다. 그런데 의사로서 도무지 이해하기 힘든 환자도 있었다. 처음부터 결핵 치료를 거부하는 환자들이었다.

50대 남성 아라랏(가명)은 다제내성 결핵으로 진단받았다. 그런데 그는 치료를 아예 거부했다. 아르메니아의 고원지대를 차로 한 시간 넘게 달려 그를 직접 만났다. 작은 시골 마을 들머리로 그가 마중 나왔다. 마치 마을 입구를 지키고 있는 것 같았다. 나는 의사로서 알고 있는 모든 지식을 동원해 그를 설득했다. 다제내성 결핵이 얼마나 무서운 병인지, 치료를 받지 않으면 어떤 운명이 그를 기다리고 있는지…. 하지만 아라랏은 입을 굳게 다물었다. 치료를 거부하는 이유조차 말해주지 않았다. 치료받지 않는다면 그는 결국 죽을 것이다. 그뿐이 아니다. 그와 함께 사는 가족 그리고 마을 주민들은 어떻게 한단 말인가.

의학이 정의하는 '질병disease'과 환자가 경험하는 '질환illness'은 다르다. 그래서 환자들은 종종 의사가 이해할 수 없는 행동을 한다. 질병과 질환의 차이를 잘 이해하는 의사가 훌륭한 의사다. 안타깝게도 그때 나는 그렇지 못했다. 아라랏을 이해하는 데 실패했다. 하지만 우리 팀은 포기하지 않았다. 간호사, 심리치료사, 사회복지사 동료들이 집요하게 그를 만났다. 그렇게 몇 주가 지나서야 그는 입을 열었다.

"내가 그런 몹쓸 병에 걸렸다는 사실이 알려지면 이 마을에서 더는 살 수 없어요."

그는 두려워하고 있었다. 그는 작은 시골 마을에서 태어나 평생을 살았고 그곳에서 죽기를 바랐다. 마을 공동체는 그에게 삶 자체였다. 노년기를 앞둔 그는 다른 곳에서 새로운 삶의 가능성을 상상할 수 없었다. 마을 사람들이 등을 돌리고 손가락질한다면 그는 이미 죽은 목숨이었다. 그가 두려워한 것은 다제내성 결핵이 아니라 바로 이웃의 시선이었다. 그는 좋은 이웃으로 남기 위해 죽음의 공포를 선택한 것이었다. 나는 더 알고 싶어졌다. 아르메니아 시골 마을 사람들이 정말 그렇게 가혹할까? 아라랏의 두려움은 사실일까? 하지만 그가 동의하지 않는 이상 마을 사람들에게 묻는 것은 불가능했다. 중요한 것은 진실이 아니라 공포가 존재한다는 사실이었다. 나는 죽음의 공포보다 강한 것을 목격했다.

2020년 5월, 우리나라 코로나19 확진자 수는 다시 빠르게 늘어났다. 서울 이태원 클럽에서 집단으로 확진자가 나온 탓이다. 이제 조금만 더 견디면 잠잠해질 것이라는 기대가 컸기 때문일까? 이런 '난리' 통에 춤을 추러 클럽에 가고 코로나19까지 퍼뜨린 사람들에 대한 원망이 컸다. 게다가 그 클럽들은 성소수자들이 즐겨 찾는 곳이라는 사실이 알려지면서 원망은 분노와 혐오를 낳았다. 수천 명의 방문자가 확진 검사를 받지 않았으며 연락도 되지 않는다는 기사가 나왔다. 어떤 사람들은 확진자들이 성소수자라는 사실을 비난했다. '성욕에 눈이 먼' 성소수자들이 우리 사회의 안전을 내팽개쳤다는 것이다. 다른 사람들은 좀더 침착한 어조로 비판했다.

"성소수자들이 클럽에 갔다고 비난하는 것은 옳지 않다. 성소수자도 사람이다. 그들도 이성애자들처럼 욕망이 있으니 클럽에 가서 놀 수 있다. 하지만 왜 코로나 검사를 받지 않아 다른 사람들까지 위험에 빠뜨리는가?"

서울에 있는 선별진료소에는 검사받으러 온 시민들이 갑자기 늘어났다. 보건소 직원들은 이미 몇 달째 비상근무 중이었다. '드라이브스루' '워킹스루' 선별진료소에서 일해본 나는 보건소 선별진료소에서 일손을 돕기로 했다. 그런데 선별진료소 곳곳에 전에 보지 못한 안내판이 눈에 띄었다.

"이태원 클럽 방문자는 이쪽으로."

다른 시민과 클럽 방문자를 구분해 검사하고 있었다. 그

쪽에 줄을 서면 '나는 클럽 방문자'라고 밝히는 꼴이었다. 검사받는 시민들은 마스크를 쓰고 소독제로 손을 닦은 뒤 모두 2미터씩 거리를 두고 서 있었다. 그렇게 분리해서 검사하는 것이 코로나19 방역에 어떤 도움을 주는지 나는 이해할 수 없었다. 공무원들의 수고는 조금 덜어주었을지 모른다.

성소수자가 일상에서 겪는 긴장과 공포를 비성소수자가 짐작하기란 불가능할 것이다. 2017년 이호림 등이 발표한 〈한국 동성애자·양성애자의 건강불평등: 레인보우 커넥션 프로젝트〉는 2335명의 성소수자에게 설문조사를 시행했다. 결과는 어땠을까? 동성애자 남성과 양성애자 남성이 지난 12개월 동안 자살 생각을 한 빈도는 일반 남성에 비해 9.09배에서 10.93배까지 높았다. 동성애자 여성과 양성애자 여성은 일반 여성에 비해 6.25배에서 8.08배까지 자살 생각을 자주 했다. 실제로 자살을 시도한 빈도는 더 충격적이다. 동성애자 남성과 양성애자 남성 집단은 지난 12개월 동안 자살 시도 빈도가 일반 인구집단에 비해 무려 26~38배, 동성애자 여성과 양성애자 여성 집단은 약 7~10배 높게 나타났다.

클럽 방문자들은 왜 검사를 주저했을까? 나 역시 그들의 마음에 들어가볼 수 없다. 그것은 불가능하다. 하지만 우리가 할 수 있는 일이 있다. 우리 자신과 사회를 들여다보는 것이다. 그것은 가능하다. 안타깝게도 성소수자를 바라보는 우리 사회의 시선은 여전히 너무 차갑다. 2019년 OECD가 발표한 〈한눈에 보는 사회Society at a Glance 2019〉에서 부끄러운 우리의 자화상을 확인할 수 있다. 다음 그래프는 OECD 국가들의 '동성애 수용도'를 보여준다. 10점은 '언제나 받아들일 수 있다', 1점은 '절대 받아들일 수 없다'를 뜻한다. OECD 평균은 5.1점이었고, 아이슬란드는 8.3점으로 동성애 수용도가 가장 높았다. 그런데 우리나라의 동성애 수용도는 2.8점으로 OECD 회원국 가운데 네 번째로 낮았고, OECD 평균의 절반에 불과했다.

선별진료소 안내판을 보다가 문득 치료받기를 거부했던 아라랏이 떠올랐다. 그는 다제내성 결핵에 걸렸다는 사실이 마을에 알려지는 것을 죽기보다 더 두려워했다. 그런 아라랏에게 다른 사람의 안전을 생각하라는 '윤리'는 허망하다. 누군가에게는 '사회적 죽음'이 '육신의 죽음'보다 더 두렵다. 성적 정체성이나 지향이 자기 뜻과 달리 밝혀지는 것을 '아웃팅'이라 부른다. 2020년 5월 우리나라 이태원 클럽 방문자와 코로나19 검사. 누구에게는 무미건조한 사실의 나열이 다른 누구에게는 '아웃팅' 그리고 죽음을 뜻할 수도 있다.

코로나19 이전에 세상을 공포로 몰아넣은 전염병이 에볼

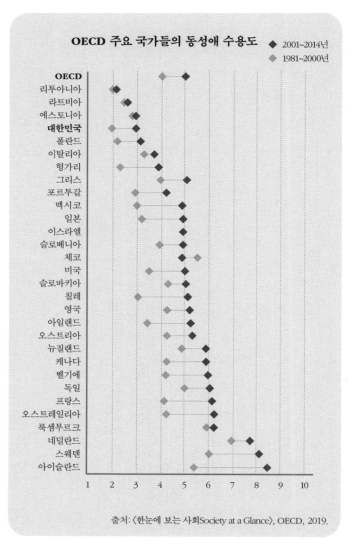

OECD 주요 국가들의 동성애 수용도　◆ 2001~2014년
　　　　　　　　　　　　　　　　　　　　◆ 1981~2000년

출처: 〈한눈에 보는 사회Society at a Glance〉, OECD, 2019.

라다. 나는 2015년 아프리카 시에라리온에서 5주 동안 에볼라 환자들을 돌보았다. 그리고 자가격리를 위해 네덜란드 교외에서 2주 동안 지냈다. 그런데 시에라리온에서 함께 근무했던 네덜란드 출신 위생사(깨끗한 물을 공급하고 오염된 폐기물을 처리하며 모든 직원의 방역 상태를 관리하는 업무를 맡는다) 아나(가명)가 나를 자기 집으로 초대했다.

"우리 집에 저녁 먹으러 올래? 그럼 '파트너'랑 내가 무척 기쁠 거야."

에볼라는 잠복기에는 전염되지 않고 무증상 감염자도 거의 없다. 또 코로나19와 달리 호흡기가 아니라 체액을 통해 전염된다. 그래서 자가격리 중에도 신체 접촉만 피하면 다른 사람을 만날 수 있다. 50대 여성 아나가 'husband' 대신 'partner'란 표현을 썼을 때 나는 묘한 느낌을 받았다. 물론 기꺼이 초대에 응했다. 자가격리란 무척 지루한 일이었기 때문이다.

아나가 사는 마을에는 장난감처럼 예쁜 이층집들이 옹기종기 모여 있었다. 그녀의 집은 아담한 정원과 널찍한 창문을 통해 1층 거실이 밖에서도 훤히 들여다보였다. 아나가 가족을 소개했다. 그녀의 파트너는 비슷한 또래의 여성이었다. 10대 초반의 남자와 여자 청소년 둘을 '우리 아이들'이라고 불렀다. 아나의 가족, 함께 초대받은 네덜란드인 이성 커플 그리고 아시아에서 온 나는 소박한 저녁 식사와 함께 풍성한 대화를 즐겼다. 그날의 경험은 나에게 무척 특별했다. 성소수자의 집을 방문하기는 처음이었기 때문이다. 하지만 한국인인 나에게 더 놀라운 것은 네덜란드의 작은 마을이었다. 그녀의 집은 밖으로 열려 있었고, 이웃은 그녀의 집을 들여다볼 수 있었다. 하지만 아나는 이웃의 시선을 의식하지 않았다. 그럴 필요가 없었기 때문이리라.

선별진료소에서 일하는 동안 하루 수백 건의 검사를 진행했다. 내 앞에서 차례를 기다리는 시민들에게 코로나19 검사란 대개 귀찮고 번거로운 일이었다.

"이거 많이 아파요?"

얼마나 아픈지 묻는 시민도 많았다. 그런데 어떤 사람들에게 확진 검사는 죽음보다 더 아프다. 그런 이들에게 비난이나 설교는 아무런 도움이 되지 못한다. 또 사회적 죽음은 종종 '경제적 고립'도 포함한다. 우리나라에서 성소수자라고 마음 편하게 밝힐 수 있는 직장이 얼마나 되겠는가.

아나라면 어땠을까? 굳이 검사를 피할 이유가 없었을 것이다. 이런 차이를 만드는 것은 바로 우리다. 성소수자를 향한 시선의 온도를 어떻게 하면 높일 수 있을까? 기본소득만으로 성소수자를 향한 차별과 혐오를 완전히 없앨 수는 없다. 하지만 기본소득은 성소수자들이 어떤 상황에서도 생존을 포기하지 않도록 받쳐줄 것이다. 또 기본소득은 공동체와 '타인'을 바라보는 시선을 바꿀 수 있다. 기본소득은 누구에게나 권리가 있다. 그러니까 성적 정체성이나 지향과 상관없이 모두에게 지급된다. 이런 과정은 성소수자 역시 우리 사회 일원임을 선언하는 행위다. 나는 성소수자들이 코로나19 위기를 무사히 극복하기를 바란다. 우리는 그들을 이해하고 지지할 때 숨지 말라고도 말할 수 있다. 기본소득은 우리 사회 성소수자들의 용기를 응원한다.

2장

진료실에서
만난
기본소득

BASIC
INCOME

중년 여성들이 아픈 이유:
가정이라는 방에 갇힌 여성들(상)

10년 이상 진료를 하다 보니 반 농담으로 관상을 좀 볼 줄 알게 되었다.

'이 환자는 나와 이야기가 하고 싶다.'

특히 중년 여성들 가운데 이런 느낌이 드는 환자가 많다. 한번은 50대 여성이 진료실에 들어섰다. 걸음걸이에 힘이 하나도 없고 느릿느릿했으며, 어깨는 축 처졌고 얼굴은 짜증과 피로로 일그러져 있었다. 그 여성은 몇 달 전부터 왼쪽 어깨가 너무 아프다고 했다. 밤이면 더 심해지는 통에 최근에는 잠도 제대로 못 잔다고 했다. 팔을 움직일 때마다 극심한 통증을 느껴서 옷을 입고 벗는 것조차 힘들어했다. 중년 여성들에게 흔히 발생하는 유착성 피막염, 이른바 '오십견'이었다.

그런데 환자의 어깨를 진찰하는 동안 나는 그녀의 반응에 더 신경이 쓰였다. 중년 여성은 몸만이 아니라 마음에서 오는 통증에도 시달리고 있었다. 드디어 누군가 자신을 돌보고 있다는 안도감이 그녀가 겪었던 고독함과 선명한 대비를 만들고 있는 듯했다. 나는 환자에게 말했다.

"그동안 아파서 참 힘드셨겠어요."

그녀는 갑자기 눈물을 울컥 쏟으며 대답했다.

"제가 정말 아프다는데 아무도…."

나는 그녀의 집안 사정을 더 묻지 않았다. 하지만 그녀가 간절하게 이해와 공감을 받기 원했던 이들은 그녀에게 그렇게 해주지 않았다. 그들은 그녀가 아프다는 사실을 믿어주지도 않았다.

많은 중년 여성이 만성 통증만이 아니라 불면증에도 시달리고 있다. 2014년 〈한국 여성의 우울증과 만성 통증에 대한 심층분석〉 연구에 따르면, 60세 이상 여성 가운데 87.7퍼센트가 만성 통증을 가지고 있었다. 남성의 63.8퍼센트보다 훨씬 높다. 불면증 역시 남성보다 여성에게 많았다. 2015년에 불면증으로 진료를 받은 여성은 남성의 1.6배였다. 그런데 만성 통증과 불면증은 악순환의 고리를 이룬다. 하나에 걸리면 다른 하나로 이어지기 쉽다. 그래서 불면증 환자를 치료할 때는 우울증 같은 다른 병이 원인이 아닌지 꼭 살펴야 한다. 당연히 우울증과 만성 통증, 불면증 모두를 앓는 중년 여성도 흔하다. 그들은 진료실 문을 열고 들어오는 모습부터 다르다.

언젠가 바로 그런 여성을 만났다. 진료 기록을 살펴보니 수년째 진통제와 수면제를 번갈아 타러 오고 있었다. 원장님도 처음에는 환자를 설득하려고 했을 것이다. 하지만 환자는 약이 없으면 통증 때문에 잠들지 못했다. 결국, 환자 얼굴 한 번 보고 약 처방하기를 계속했던 것 같다. 그대로 둘 수는 없었다. 그녀가 우울증과 불면증을 함께 치료하려면 정신의학과 의사의 진료를 받아야 했다. 하지만 환자들이 의사에게 제일 듣기 싫어하는 말 중 하나가 다른 병원, 특히 정신의학과에 가라는 말이다. 나는 먼저 환자를 위로했다.

"많이 힘드시겠어요."

이 한 마디에 환자의 말문이 터졌다. 중년 여성은 함께 사는 시부모와의 갈등, 술과 폭언을 일삼는 남편, 자신의 삶을 찾아 떠난 뒤 연락조차 뜸한 자녀들 이야기를 줄줄 털어놓았다. 처음 보는 의사에게 말이다. 그녀는 평생 가족을 돌보았지만 가족은 그녀를 돌봐주지 않았다. 그녀는 특히 남편을 원망했다. 누구보다 자기를 지지해주기 바란 사람이 남편이었기 때문이다. 처음에는 잠들기 위해 술을 한 잔씩 마셨는데, 이제는 습관적으로 매일 마신다고 했다. 술은 불면증을 낫게 하지 못할 뿐 아니라 오히려 깊은 잠을 방해한다. 그렇게 그녀는 진료실에서 30분 가까이 신세 한탄을 했다. 그녀를 정신의학과 의사에게 보내겠다는 목적도 잊은 채 나는 말을 차마 끊지 못하고 듣고만 있었다. 가슴이 답답했다. 정신의학과 치료는 도움이 되겠지만, 그것만으로는 충분하지 않다. 가족의 적극적인 지지가 꼭 필요하다. 하지만 돌봄을 전적으로 중년 여성에게 맡겨두고 있을 가족에게 내가 할 수 있는 일은 없었다.

이 책에는 많은 '엄마들'이 등장한다. 아침 9시에 진료받은 아이를 서둘러 유치원이나 학교에 보내고 출근하는 엄마. 자신의 '죽음 이후' 혼자 남게 될 뇌성마비 장애인 아들을 걱정하는 엄마. 발달장애 아들과 함께 목숨을 끊어버린 엄마…. 그리고 보니 아픈 아이를 돌보는 부모는 십중팔구 '엄마'였다. 이것은 내 경험을 넘어 통계로도 확인할 수 있다.

고용노동부 발표에 따르면, 2014년 기준으로 한국 남성의 가사분담률은 16.5퍼센트였다. 이는 OECD 회원국 중 최

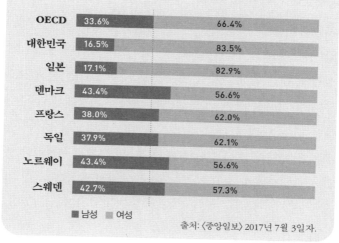

국가별 가사분담률(무급노동시간 비중)

국가	남성	여성
OECD	33.6%	66.4%
대한민국	16.5%	83.5%
일본	17.1%	82.9%
덴마크	43.4%	56.6%
프랑스	38.0%	62.0%
독일	37.9%	62.1%
노르웨이	43.4%	56.6%
스웨덴	42.7%	57.3%

■ 남성　■ 여성

출처: 〈중앙일보〉 2017년 7월 3일자.

하위 수준이다. 한국 남성의 하루 평균 가사노동시간은 45분이었는데, OECD 평균은 138분이다. OECD 평균의 3분의 1에도 미치지 못하는 셈이다. 186분이나 가사노동에 참여하는 덴마크 남성에 비하면 4분의 1밖에 안 된다. 해당 통계를 낸 OECD 26개국 가운데 남성이 1시간도 가사노동을 하지 않는 나라는 한국이 유일했다. 반면 한국 여성은 남성의 5배가 넘는 227분을 매일 가사노동에 쏟고 있었다. 227분은 전체 가사노동의 83.5퍼센트에 달한다. 하물며 통계에 잡히지도 않는 감정노동은 말해 무엇할까.

내 엄마도 다른 엄마처럼 전업주부였다. 그런데 내가 초등학교에 다니던 1980년대 언제부턴가 엄마는 '부업'을 시작했다. 라디오에 들어가는 트랜지스터 부품을 조립하는 일이었다. 먼저 밥상 위에 재료를 수북이 쏟아놓는다. 왼손으로 검지 손톱만 한 플라스틱 본체를 잡고, 오른손에 쥔 핀셋으로 저항 하나를 잡아 끼워 넣는다. 그다음 저항에서 나온 전선을 본체 다리에 돌려 감고는 핀셋으로 비틀어 나머지를 잘라냈다. 엄마 손이 얼마나 빨리 움직이는지 2~3초마다 하나가 완성되었다. 이런 식으로 엄마는 하루에 수천 개의 라디오 부속을 조립했다. 부품 앞에 쪼그리고 앉아 종일 손을 놀렸다.

그런데 아버지는 그 일을 무척 싫어했다. 잘린 전선 조각이 집 안 구석구석으로 튀었기 때문이다. 엄마는 저녁 준비 전에 안방을 싹싹 쓸었지만, 그래도 이불이나 베개, 옷에서 미처 발견하지 못한 전선 조각이 튀어나왔다. 밥을 먹다가 입에서 뱉어낸 적도 있다.

"돈 몇 푼 번다고 이따위 일을 하는 거야? 당장 때려치우지 못해!"

아버지가 밥상을 뒤엎은 날도 밥에서 전선 조각이 나온 어느 저녁이었다. 하지만 엄마는 몇 년을 더 꿋꿋하게 버티면서 그 일을 계속했다. 일하는 동안 엄마의 표정은 자못 심각하고 진지했다. 하지만 결코 슬프거나 힘들어 보이지 않았다. 그녀에게 무엇인가 보상이 있는 유일한 노동이어서 그랬을까.

부업 때문에 우리 부모가 겪은 갈등은 수십 년 전 일이다. 하지만 '엄마들'에게 세상은 크게 달라지지 않은 것 같다. 21세기 한국에는 아직도 '남편은 돈 벌고 아내는 집안일' 하는 가정이 아주 많다. 특히 어린 자녀를 둔 가정이 더 그렇다. 2017년 고용노동부가 발표한 〈자녀를 둔 부모의 고용 상황에 대한 분석 결과〉에 따르면, 만 0~14세 자녀를 둔 한국 부모의 맞벌이 비율은 29.4퍼센트에 불과했다. OECD 평균 58.5퍼센트의 절반밖에 안 된다.

통계청이 발표한 〈일·가정 양립 지표〉는 이를 더욱 분명하게 보여준다. 2017년 기준으로 비혼일 때 남녀 고용률 차이는 1.6퍼센트포인트에 불과하다. 하지만 배우자가 생기면 남성은 81.9퍼센트, 여성은 53.4퍼센트로, 고용률 차이가 28.5퍼센트포인트까지 벌어진다. 다음 그래프를 보면 고용률 차이가 왜 그렇게 벌어지는지 이유를 짐작할 수 있다. 18세 미만의 자녀를 둔 '아버지'의 고용률은 자녀가 어릴수록 높지만, '엄마'의 고용률은 그 반대다. 자녀가 13~17세면 엄마의

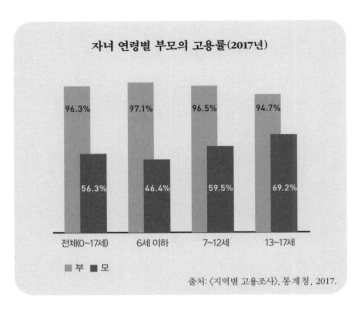

자녀 연령별 부모의 고용률(2017년)

	전체(0~17세)	6세 이하	7~12세	13~17세
부	96.3%	97.1%	96.5%	94.7%
모	56.3%	46.4%	59.5%	69.2%

■ 부　■ 모

출처: 〈지역별 고용조사〉, 통계청, 2017.

고용률은 69.2퍼센트인데, 6세 이하일 때는 46.4퍼센트에 불과하다. 아이가 어릴수록 여성이 육아를 전담한다는 뜻이다.

아이가 커서 시간 여유가 생기면 중년 여성들도 일자리를 알아본다. 하지만 '돈 몇 푼 안 주는' 시간제가 대부분이다. 가사노동과 일자리를 병행하기에는 부담과 희생이 너무 크다. 그래서 집에 머물고 만다. 전업주부에게는 아무런 소득이 없으니, 남편에게 경제적으로 의존하는 수밖에 없다. 가사노동과 감정노동을 도맡아 하지만 엄마들의 발언권은 약하다. 몸과 마음이 병들 수밖에 없다. 이러한 성 불평등 문제

역시 한두 가지 해법만으로 풀기 어렵다. 하지만 한 가지는 분명하다. '엄마들'은 가정이라는 닫힌 방에서 나와 세상으로 나가야 한다. 그리고 가사노동과 감정노동을 가족, 특히 남성과 나누어야 한다.

기본소득은 엄마들에게 돌파구를 만들어줄 수 있다. 기본소득은 가구주가 아니라 개개인에게 주어지기 때문이다. 모든 전업주부에게도 기본소득만큼 소득이 생기는 것이다. 비록 시간제 일자리일지라도 기본소득을 더하면 '번듯한 월급'에 견줄 돈을 만들 수 있다. 또 기본소득으로 새로운 기술을 배우거나 교육을 받을 수도 있다. 그러면 중년 여성도 괜찮은 일자리를 구할 가능성이 커진다. 기본소득은 집 안에 갇힌 여성들이 집 밖으로 나갈 힘과 용기를 준다.

노동시간을 줄여 일과 가사를 나누자!:
가정이라는 방에 갇힌 여성들(하)

팔꿈치가 아파서 병원을 찾는 여성을 자주 만난다. 다친 적도 없는데 팔꿈치가 공연히 아픈 이 병은 그 유명한 '테니스엘보'다. 물론 테니스라는 운동 근처에도 가보지 못한 사람이 대부분이다. 테니스엘보 역시 여성들에게 더 흔하다. 가사노동처럼 같은 동작을 반복하는 사람들에게 잘 생기기 때문이다. 팔꿈치만이 아니라 손목이나 어깨, 손가락이 함께 아프다고 호소하는 여성 환자도 많다. 나는 그들에게 무슨 일을 하는지 꼭 묻는다. 예전에는 그냥 집에 있다고 답하는 여성이 많았지만 요즘에는 "식당에서 일해요." "마트에서 일해요"라고 답하는 여성이 늘었다. 집과 일터에서 그들의 팔꿈치는 쉴 틈이 없다. 그러니 병이 날 수밖에. 팔을 많이 써서 생긴 병이니 집안일을 좀 쉬거나 줄이라고 나는 충고하지만, 여성 환자들은 그런 충고를 들으면 어이없다는 표정을 짓는다. 남성 의사가 자신의 처지를 이해할 수 없다고 느꼈을 것이다.

일하는 여성은 꾸준히 늘고 있다. 여성의 경제활동 참가율은 2010년 49.6퍼센트였는데 2019년에는 53.5퍼센트로 높아졌다. 그런데 여성 노동자들이 받는 대우는 어떨까? 2016년 OECD 자료에 따르면, 우리나라 여성 노동자의 임금은 남성 노동자 임금의 63.3퍼센트, 곧 3분의 2에도 미치지 못한다. 남녀 임금 격차 36.7퍼센트는 OECD 회원국 중 가장 크고, OECD 평균 14.1퍼센트의 두 배가 넘는다. 그런데 일하는 '엄마들', 그러니까 일과 가사라는 이중고를 짊어진 여성에게 현실은 더 가혹하다. 2019년 한국노동조합총연맹(한국노총)의 발표에 따르면, 비혼 남성과 비혼 여성의 임금 격차는 13.4퍼센트였지만, 배우자가 있는 남녀의 임금 격차는 41.5퍼센트에 달했다. 다음 그래프는 연령대별로 남녀의 임금 격차를 보여준다. 임금 격차는 30대부터 급격히 커져서 50대가 되면 여성의 임금은 남성의 절반밖에 되지 않는다.

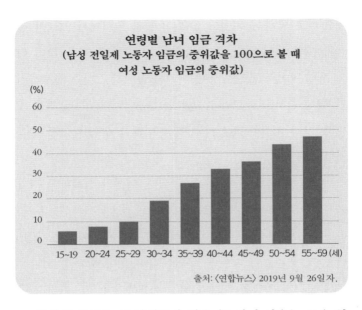

연령별 남녀 임금 격차
(남성 전일제 노동자 임금의 중위값을 100으로 볼 때
여성 노동자 임금의 중위값)

출처: 〈연합뉴스〉 2019년 9월 26일자.

여성의 임금은 왜 남성보다 적을까? 첫째 이유는 고용 형태다. 비정규직으로 일하는 여성이 남성보다 훨씬 많다. 통계청이 발표한 〈한국의 사회 동향〉을 보면, 2018년 기준으로 여성 가운데 비정규직은 41.5퍼센트였지만, 남성은 26.3퍼센트였다. 여성이 남성보다 비정규직 비율이 15.2퍼센트포인트 높다. 그런데 다음 그래프에서 보듯 비정규직 비율의 성별 격차는 시간이 지남에 따라 줄지 않고 오히려 커지고 있다. 남성의 비정규직 비율은 줄었지만, 여성의 비정규직 비율은 큰 차이가 없기 때문이다. 여성 가운데 비정규직이 더 많으니

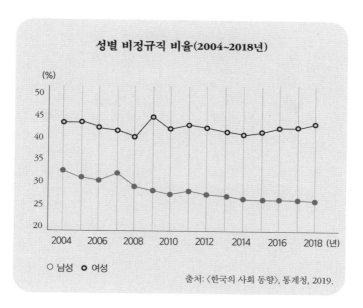

성별 비정규직 비율(2004~2018년)

출처: 〈한국의 사회 동향〉, 통계청, 2019.

임금도 더 적을 수밖에 없다.

　비정규직은 정규직보다 얼마나 임금을 적게 받을까? 통계청에서 발표한 〈성별 임금 및 근로시간〉을 보면, 정규직 노동자는 한 달에 평균 361만 원을 벌지만, 비정규직 노동자는 164만 원밖에 벌지 못한다. 비정규직은 정규직의 절반에도 미치지 못하는 임금을 받는 것이다. 그런데 다음 표에서 유심히 살필 부분이 있다. 시간당 정액급여, 바로 시급이다. 같은 정규직 가운데 남성 노동자는 시간당 2만 1622원을 받지만, 여성은 1만 5980원으로 남성의 74퍼센트에 불과한 시급

성별 임금 및 근로시간

고용형태	성별	2019년		
		총 근로시간 (시간)	시간당 정액급여 (원)	월 입금총액 (천원)
정규 근로자	계	165.2	19,433	3,612
	남	167.6	21,622	4,126
	여	161.4	15,980	2,801
비정규 근로자	계	112.1	15,191	1,643
	남	120.5	17,146	1,964
	여	103.7	13,246	1,325

출처: 〈성별 임금 및 근로시간〉, 통계청, 2019.

을 받는다. 이 차이는 비정규직에서도 마찬가지다. 비정규직 여성의 시급은 남성 비정규직의 77퍼센트 정도였다. 고용 형태는 같아도 성별에 따라 직급이나 직무에 차별이 있기 때문이다. 이것이 여성의 임금이 남성보다 적은 둘째 이유다.

셋째 이유는 노동시간 차이다. 같은 표에서 총 근로시간을 보면, 정규직 노동자는 한 달에 평균 165.2시간 일하고 비정규직 노동자는 112.1시간 일했다. 그런데 같은 정규직이어도 남녀에 따라 차이가 났다. 남성 정규직은 167.6시간, 여성은 161.4시간으로 남성이 한 달에 6시간쯤 더 일했다. 그리고 비정규직 남성은 비정규직 여성보다 16.8시간이나 더 일했다. 정리하면 여성은 남성보다 비정규직이 더 많고 시급도적으며 노동시간이 짧다. 여성의 노동시간이 남성보다 짧은 이유는 뭘까? 앞장 '중년 여성들이 아픈 이유'에서 보았듯이, 여성은 남성보다 매일 182분 그러니까 3시간이나 더 오래 가사노동을 하고 있었다. 가사노동시간만큼 여성의 노동시간이 짧은 것이다.

어느 날 중년 여성이 손가락에 피를 흘리면서 진료실로 들어왔다. 식당에서 일하다가 부엌칼에 베였다고 한다. 봉합이 필요할 정도로 상처는 깊었다. 이런 경우 손가락을 움직이다가 봉합한 상처가 벌어질 수도 있다. 그래서 봉합한 손가락에 부목을 대고 붕대로 감아주었다. 그러자 환자가 꼭 부목까지 대야 하는지 물었다. 내가 이유를 설명하자 그녀는 걱정이 태산이었다.

"아니, 그래도 집안일은 해야 하는데…."

"이럴 때라도 남편보고 좀 해달라고 하세요."

"어휴, 집에서는 손가락도 까딱 안 하는 사람이 무슨 집안일을."

환자는 말도 안 되는 소리를 한다며 나를 흘겨보았다.

다른 조건이 변하지 않은 채 지금 모두에게 기본소득이 지급된다고 가정해보자. 그래도 여성들은 '바깥일'을 지금보다 더 많이 하면서 '집안일'도 똑같이 해야 하는 상황에 놓일 수 있다. 기본소득은 단순히 하나의 정책이 아니다. 우리 사회 구석구석에서 '세상을 바꾸는' 운동과 연결될 때에야 기본소득이 제대로 실현될 수 있다. 여성들의 이중부담 문제는 그 대표 사례다. 여성은 '가정'이라는 닫힌 방에서 나와야 한다. 그렇다고 가사와 노동이라는 이중부담을 지게 해서도 안 된다. 가정을 나온 여성에게 저임금 비정규직 일자리에 만족하라고 해서도 안 된다. 이렇게 엉킨 실타래를 어떻게 풀 수 있을까?

노동시간 단축이 첫째 열쇠다. 2018년 기준으로 우리나라 노동시간은 OECD 회원국들 가운데 멕시코 다음으로 길었다. 노동시간은 무조건 줄여야 한다. 그런데 위에서 보았듯이, 남성 정규직 노동자의 노동시간이 여성 비정규직 노동자보다 길다. 이런 상황에서 노동시간을 줄이면, 남성의 노동시간이 여성보다 더 크게 줄어든다. 남성이 차지하고 있던 정규직 일자리가 여성들에게도 돌아갈 것이다. 한번 따져보자.

일단 법정 노동시간을 얼마로 줄여야 할까? 내 주장은 주당 30시간이다. 독일이나 네덜란드, 덴마크, 스웨덴 등 북유럽 국가에서는 평균 노동시간이 주 28~33시간으로, 주 4일제가 이미 일상화되었다(《중앙일보》 2018년 6월 17일자). 통계청이 발표한 〈비정규직 고용 동향〉을 보면, 2019년 기준으로

'임금근로자'는 약 2056만 명이다. 이중 정규직은 1308만 명으로 전체의 63.6퍼센트였고, 나머지 36.4퍼센트인 748만 명이 비정규직이었다. 그리고 2019년 법정 노동시간은 주 40시간이었다. 이 상태에서 법정 노동시간을 주 30시간으로 줄이면 어떤 일이 일어날까? 정규직 일자리에서만 주당 1억 3000만 노동시간이 부족해진다. 부족한 노동시간을 채우기 위해 기업은 정규직 노동자 436만 명을 더 고용해야 한다. 이 숫자는 2019년 전체 비정규직 노동자의 58퍼센트에 해당한다. 얼마나 많은 비정규직 노동자 그리고 여성이 정규직 일자리를 얻을 수 있을까! 단순한 가정과 계산이지만 결과는 놀랍다.

하지만 주 30시간 노동이 우리나라에서 과연 가능할까? 법정 노동시간이 30시간으로 줄면, 기업에서는 같은 생산량을 유지하기 위해서 정규직 기준으로 노동자를 33퍼센트 더 고용해야 한다. 그런데 우리나라 노동자의 80퍼센트 이상은 영세한 중소기업에서 일한다. 노동시간이 줄어든 만큼 기업은 임금을 깎으려 할 것이다. 그렇지 않으면 파산할 테니까. 그리고 줄어든 노동시간만큼 임금이 삭감된다면 노동자들이 나서서 노동시간 단축에 반대할 것이다.

기본소득이 이 문제를 해결하는 둘째 열쇠다. 2019년 정규직 노동자의 평균 월급은 361만 원이었다. 법정 노동시간이 25퍼센트 단축되었으니, 정규직 노동자의 월급도 271만 원으로 90만 원 줄어든다. 하지만 기본소득이 60만 원씩 지급된다면 소득은 30만 원만 줄어들 뿐이다. 그리고 많은 여성이 정규직 일자리를 얻게 되니, 가계소득은 오히려 늘어난다. 기업이 임금으로 지출한 비용은 똑같다. 여기에서 미래 사회에 관한 아이디어도 얻을 수 있다. 기본소득이 60만 원 이상으로 오른다면, 소득 감소 없이 노동시간을 더 줄일 수 있기 때문이다.

노동시간 단축과 기본소득을 함께 시행하면, 남성은 적게 일하면서도 예전만큼 벌 수 있다. 그리고 지금보다 훨씬 많은 여성이 정규직 일자리를 가질 수 있다. 그러면 아빠는 엄마에게 더는 큰소리치지 못한다. 여가가 많아진 남성은 가사분담 압력을 지금보다 더 받게 될 것이다. 물론 성차별과 성 역할 분리는 오래된 규범이자 문화여서 노동시간이 줄어들고 기본소득이 도입된다 해도 그 문화가 하루아침에 바뀌지는 않을 것이다. 하지만 여성은 완전히 다른 조건에서 일과 가사의 공평한 분담을 주장할 수 있지 않을까.

생사의 갈림길에 선
중년 남성들

낯빛은 창백하고 팔다리는 가늘지만 배는 불룩하게 튀어
나온 중년 남성들. 만성 통증과 불면증에 시달리는 중년 여
성들만큼 진료실에서 자주 만나는 환자들이다. 고혈압이나
당뇨병을 처음 진단받는 중년 남성과 상담할 때 나는 특별히
충분한 시간을 쏟으려고 노력한다. 그들의 삶은 갈림길 위에
있기 때문이다. 우리 삶은 어쩌면 이렇게 똑같이 되풀이되
는 걸까? 환자의 이야기는 수없이 판으로 찍어낸 세속화 같
다. 그들은 이미 몇 년 전부터 혈압이나 혈당이 높다는 사실
을 알고 있었다. 건강검진이나 다른 진료를 받다가 우연히 알

게 되는 경우가 대부분이다. 하지만 그 이후 그들은 아무것도 하지 않았다. '이젠 몸을 관리해야 할 나이구나' '운동 좀 해야겠다' 같은 막연한 결심만 며칠 품다가 흐지부지되고 말았다. 그러다가 혈압이나 혈당이 더 올라가면 불안한 마음에 동네 의원을 찾는다.

확실히 담배를 피우거나 술을 과하게 마시는 남성은 예전보다 줄었다. 하지만 여전히 많이 피우고 많이 마신다. 한국 남성의 흡연율은 32퍼센트로 OECD 국가 가운데 최상위권이고, 여성보다는 6배 이상 높다. 술을 얼마나 마시는지 환자에게 물으면 열에 아홉은 이렇게 답한다.

"얼마 안 마셔요."

이럴 때 의사는 더 구체적으로 물어야 한다.

"일주일에 몇 번 정도, 소주 기준으로 얼마나 드세요?"

"일주일에 3~4일 정도, 소주 한두 병 정도요."

'그게 얼마 안 마시는 것이라니' 싶어 나는 환자 앞에서 웃음을 터뜨린 적도 있다. 한 번에 남성은 7잔, 여성은 5잔 이상, 주 2회 이상 술을 마시면 '고위험 음주'로 분류하기 때문이다. 2018년 기준으로 '고위험 음주율'은 남성이 20.8퍼센트, 여성이 7퍼센트로, 남성이 여성에 비해 세 배나 높다. 그런데 연령대별로 보면, 50~59세 남성의 고위험 음주율이

24.1퍼센트, 40~49세 남성의 고위험 음주율이 27.7퍼센트로 가장 높았다. 바로 중년 남성들이다.

술은 뱃살의 주범이다. 중년 남성 둘 중 하나는 체질량지수 25kg/m^2 이상으로 비만이다. 통계청의 〈국민건강통계〉를 보면, 2018년 19세 이상 남성의 비만 유병률은 무려 42.8퍼센트였다. 여성은 그보다 낮은 25.5퍼센트다. 남성 비만 유병률은 꾸준히 올라가고 있지만, 여성은 비슷하거나 오히려 떨어졌다. 연령대별로 보면, 30~39세 남성의 비만율이 51.3퍼센트로 가장 높았고, 그다음이 40~49세 남성으로 47.5퍼센트였다. 중년 남성 가운데 배불뚝이가 많은 이유가 있었다.

잘 알다시피 음주, 흡연, 비만은 성인병을 일으킨다. 한국건강증진개발원에서 발표한 〈제4차 국민건강증진종합계획 2019년 동향보고서〉를 살펴보자. 다음 쪽 그래프에서 알 수 있듯이, 30세 이상 남성은 대표 성인병인 고혈압과 당뇨병을 여성보다 더 많이 앓고 있다. 더 큰 문제는 이 성별 유병률 격차가 더 심해지고 있다는 것이다.

고혈압이나 당뇨병 같은 성인병에 걸린 중년 남성은 수사修辭가 아니라 진실로 삶과 죽음의 갈림길에 서게 된다. 흔히 만나는 환자의 예를 가지고 '10년 심장병 위험도'[3]를 계산해보자. 담배를 피우는 45세 남성의 수축기 혈압이

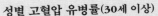

성별 고혈압 유병률(30세 이상)

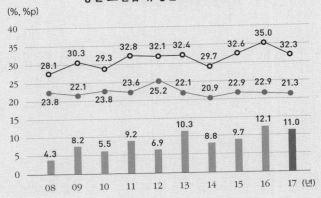

(%, %p)

남성: 28.1, 30.3, 29.3, 32.8, 32.1, 32.4, 29.7, 32.6, 35.0, 32.3

여성: 23.8, 22.1, 23.8, 23.6, 25.2, 22.1, 20.9, 22.9, 22.9, 21.3

격차: 4.3, 8.2, 5.5, 9.2, 6.9, 10.3, 8.8, 9.7, 12.1, 11.0

08 09 10 11 12 13 14 15 16 17 (년)

성별 당뇨병 유병률(30세 이상)

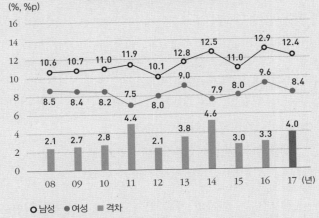

(%, %p)

남성: 10.6, 10.7, 11.0, 11.9, 10.1, 12.8, 12.5, 11.0, 12.9, 12.4

여성: 8.5, 8.4, 8.2, 7.5, 8.0, 9.0, 7.9, 8.0, 9.6, 8.4

격차: 2.1, 2.7, 2.8, 4.4, 2.1, 3.8, 4.6, 3.0, 3.3, 4.0

08 09 10 11 12 13 14 15 16 17 (년)

○남성 ●여성 ■격차

출처: 〈제4차 국민건강증진종합계획 2019년 동향보고서〉, 한국건강증진개발원, 2019.

150mmHg, 총콜레스테롤 240mmHg, 고밀도 콜레스테롤 40mmHg일 경우, 10년 심장병 위험도는 25퍼센트다. 치료하지 않는다면 앞으로 10년 이내에 협심증이나 심근경색 같은 병이 생길 확률이 25퍼센트라는 뜻이다. 위험도가 20퍼센트를 넘기 때문에 '고위험군'에 해당해서 적극적 치료와 관리가 필요하다. 통계청 자료에 따르면, 우리나라 남성의 사망률은 40대부터 크게 올랐다가 70대가 되면 오히려 떨어진다. 2018년 우리나라 50대 남성 사망률은 50대 여성보다 2.73배나 높았다. 중년 남성의 건강이 위험하다.

성인병으로 처음 진단받은 중년 남성들에게 나는 운동을 해서 뱃살을 빼라고 당부한다. 그러면 이런 하소연이 돌아오는 경우가 흔하다.

"운동해도 뱃살은 도무지 안 빠져요."

"하하, 환자분. 일주일에 사흘씩 술을 드시니 뱃살이 빠지나요. 더구나 안주는 기름진 고기잖아요."

그러면 중년 남성들은 멋쩍은 듯 난감한 표정을 짓는다. 그들의 마음을 이해하지 못하는 건 아니다. 동맥경화 같은 성인병의 합병증은 아주 천천히 진행한다. 그래서 보통 별다른 느낌이 없다. 반면 술과 담배가 주는 즐거움은 당장 느낄 수 있다. 물론 성인병의 고통이 바로 나타나는 경우도 있다.

한 중년 남성이 다리를 절며 진료실에 들어섰다. 한쪽 엄지 발가락이 빨갛게 붓고 뜨거웠다. '통풍'이다. 술과 고기를 많이 먹는 중년 남성들에게 흔히 나타나는 병이다. 통풍은 '바람만 스쳐도 아프다'는 이름 뜻 그대로 굉장히 고통스럽다. 하지만 그 환자는 당황하는 기색도 없이 담담했다.

"어제 술 한 잔 했더니만…."

그에게는 하루 이틀 겪는 일이 아니었다. 술을 마시면 통풍 발작이 올 수 있다는 걸 알면서도 그는 술을 택했다. 통풍으로 병원에 올 때마다 술과 고기를 피하라는 의사의 잔소리를 들었을 것이다. 나는 사실 그 환자를 이해하기 힘들었다. 통풍이 자주 재발하면 관절이 영구적으로 파괴될 수 있고, 피 안에 요산이 높으면 콩팥이 망가질 수 있다. 이렇게 경고하면 환자는 넉살 좋게 대꾸한다.

"술 담배 끊으면 무슨 재미로 살아요?"

성인병과 합병증을 예방하려면 규칙적인 운동이 꼭 필요하다. 우리나라 성인 남녀는 얼마나 운동을 하고 있을까? 세계보건기구는 우리나라 성인의 35.4퍼센트, 곧 셋 중 한 명 이상은 '운동 부족'이라고 지적했다. 건강해지려면 운동해야 한다는 사실을 모르는 사람은 없다. 도대체 왜 운동하지 않는 걸까? 문화체육관광부가 시행한 〈국민 생활체육 참여 실태조사〉(2017년)에서 최근 일 년 동안 체육활동에 전혀 참여한 경험이 없는 응답자들에게 이유를 물었다. 응답자의 61.1퍼센트는 "체육활동을 할 시간이 부족해서"라고 답했다. 그렇다. 우리나라는 OECD에서 가장 오래 일하는 나라 중 하나다. 거기에 근무시간에 포함되지 않는 '업무'들이 추가된다. 평범한 직장인은 여전히 '업무의 연장'인 회식에 빠지기 어렵다. 요즘은 금연 치료를 받기 위해 병원을 찾는 남성들이 많아졌다. 그런데 금연에 실패하는 이유 중 하나가 바로 직장 회식이다. '사람인'이 2020년에 시행한 설문조사에 따르면, 직장인의 59.3퍼센트가 "퇴근 후 업무지시를 받은 적이 있다"라고 답했다. 그 빈도는 주 2.8회에 달했다. 중년 남성에게는 '남는 시간'이 별로 없다. 노동시간을 반드시 줄여야 하는 이유다.

이유는 더 있다. 바로 삶의 재미를 위해서다. 다른 삶의 재미가 없다면 술 담배를 끊어야 할 동기는 약해질 수밖에 없다. 그런데 중년 남성들이 속한 우리나라 가족의 현실은 서글프다. 여성가족부에서 발표한 〈가족실태조사 분석 연구〉에 따르면, 2015년 기준으로 우리나라 부부의 66.1퍼센트, 곧 3분의 2는 하루 평균 1시간 미만으로 대화했다. 더 놀라운 것은 2010년 조사와 비교해 30분 미만으로 대화한다는 응답이 크게 늘었다는 것이다. 가족과 여가를 가지기 어려운 이유를 묻자 응답자 31퍼센트는 "일이 너무 바빠서", 24.6퍼센트는 "가족 공동 시간을 내기 힘들어서"라고 답했다. 한국과학창의재단이 2014년 서울 소재 고등학생을 대상으로 벌인 설문조사 결과도 비슷했다. 고등학생 10명 중 8명은 가족과 평균 대화 시간이 하루 1시간 미만이었다. 심지어 10분 이내라고 답한 비율도 14퍼센트가 넘었다(《연합뉴스》 2018년 6월 24일자). 이런 상황에는 '아버지'의 책임이 크다. 일 때문에 집안일에 거의 참여하지 않는 쪽은 주로 아버지이기 때문이다.

하지만 노동시간 단축만으로는 충분하지 않다. 〈가족실태조사 분석 연구〉(2015년)에서 '가족과 여가를 가지기 어려운 이유'를 물었을 때, 셋째로 많은 16퍼센트의 응답자가 "경제적 부담 때문"이라고 답했다. 그러고 보니 〈국민 생활체육 참여 실태조사〉(2017년)에는 흥미로운 결과가 하나 더 있다. 소득수준별 생활체육 참여율이다. 소득이 100만 원 미만이면 생활체육 참여율이 49.2퍼센트였지만, 600만 원 이상이면 65.8퍼센트였다. 소득에 따라 참여율이 16.6퍼센트포인트나 차이가 났다. 소득이 300만 원 미만인 집단의 참여율은 54.6퍼센트인 반면, 소득이 500만 원 이상인 집단은 65.9퍼

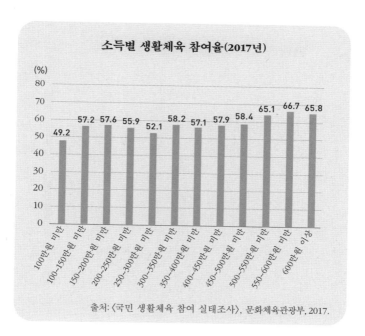

소득별 생활체육 참여율(2017년)

출처: 〈국민 생활체육 참여 실태조사〉, 문화체육관광부, 2017.

센트였다.

　다음 쪽 그래프는 소득 수준이 건강에 어떤 영향을 미치는지 잘 보여준다. 2017년 기준으로 소득 상위 25퍼센트에서 당뇨병 유병률은 9퍼센트지만, 하위 25퍼센트에서는 13.5퍼센트로 4.5퍼센트포인트 격차가 난다. 그리고 이 격차는 시간이 지남에 따라 오히려 커지고 있다. 비만 유병률 격차는 여성에게서 분명하게 드러나는데, 격차는 시간이 지나도 줄어들지 않고 있다. 이렇게 소득 불평등은 건강 불평등으로

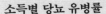

소득별 당뇨 유병률

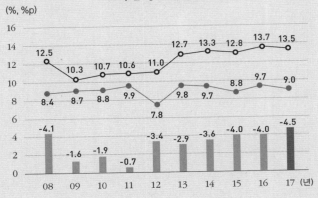

(%, %p)

	08	09	10	11	12	13	14	15	16	17 (년)
하위	12.5	10.3	10.7	10.6	11.0	12.7	13.3	12.8	13.7	13.5
상위	8.4	8.7	8.8	9.9	7.8	9.8	9.7	8.8	9.7	9.0
격차	-4.1	-1.6	-1.9	-0.7	-3.4	-2.9	-3.6	-4.0	-4.0	-4.5

성인 여성 비만 유병률

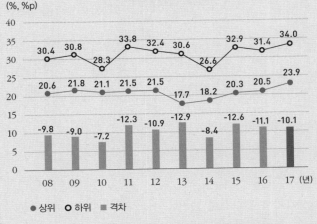

(%, %p)

	08	09	10	11	12	13	14	15	16	17 (년)
하위	30.4	30.8	28.3	33.8	32.4	30.6	26.6	32.9	31.4	34.0
상위	20.6	21.8	21.1	21.5	21.5	17.7	18.2	20.3	20.5	23.9
격차	-9.8	-9.0	-7.2	-12.3	-10.9	-12.9	-8.4	-12.6	-11.1	-10.1

● 상위　○ 하위　■ 격차

출처: 〈제4차 국민건강증진종합계획 2019년 동향보고서〉, 한국건강증진개발원, 2019.

이어진다. 따라서 소득 격차를 줄이기 위해 '소득 재분배 정책'도 필요하다.

기본소득은 강력한 소득 재분배 효과를 가지고 있어서 소득 불평등을 해결하는 데 큰 도움이 된다. 그런데 궁금하다. 모두에게 똑같은 액수를 나누어주는 기본소득이 어떻게 소득 재분배 효과를 낼까? 기본소득 재원에 그 비밀이 있다. 앞 장에서 설명한 대로 기본소득의 원천은 공통부다. 모두의 소득에는 공통부의 기여가 일정 부분 포함되어 있다. 그것을 모아서 모두에게 같은 액수를 나누어주는 것이 기본소득이다. 그렇다면 각자의 소득에는 공통부 몫이 얼마나 들어 있을까? 정확하게 계산하기는 어렵다. 일단 공통부 몫을 15퍼센트라고 가정해보자. 그러면 모든 소득에서 일률 15퍼센트씩 기본소득 재원 충당을 위해 공제된다. 소득이 100만 원인 A씨는 15만 원, 300만 원인 B씨는 45만 원, 800만 원인 C씨는 120만 원을 낸다. 이렇게 모인 180만 원을 세 사람에게 60만 원씩 똑같이 나누어주면, A씨의 소득은 145만 원, B씨의 소득은 315만 원, C씨의 소득은 740만 원이 된다. A, B, C 세 사람 사이에서 소득이 재분배된 것이다.

노동시간을 줄이고 기본소득을 지급하면, 사람들은 규칙적으로 운동할 시간과 돈의 여유를 갖게 된다. 일과 가사를 남녀가 평등하게 나눌 가능성도 열린다. 가사를 나눈다는 것은 가족이 함께 여가를 보낸다는 뜻이기도 하다. 메마른 중년 남성들도 삶의 다른 재미와 행복을 발견할 수 있지 않을까.

다른 꿈을
꿀 권리

2020년 5월 27일, 학생들이 드디어 학교에 갔다. 코로나19 대유행 탓에 개학이 3개월이나 늦어진 것이다. 이날 고등학교 3학년 학생들이 먼저 등교했고, 그다음 주부터 다른 학년이 뒤를 이었다. 당시 코로나19 유행은 여전히 방심할 수 없는 상황이었다. 이태원 클럽 집단 감염으로 확진자 수가 다시 늘었기 때문이다. 그러니 고등학교 3학년들이 먼저 등교하는 것이 당연해 보였다. 그런데 문득 궁금해졌다. 왜 하필 고등학교 3학년일까? 방역 차원에서 보자면, 교실에 상대적으로 짧게 머무는 고등학교 1학년이나 중학생들이 먼저 등교하는 것이 합리적이다. 고3 학생이 고2 학생보다 코로나19 안전수칙을 더 잘 지킬 것이라거나, 걸려도 별 탈 없을 것이라고 믿을 근거는 당연히 없다. 아마도 우리 사회에서 '고3'은 특별한 존재여서 그랬을 것이다. 코로나19가 세상을 바꾸어 '뉴노멀' 시대가 되었다지만, 여전히 변하지 않은 것들이 많다.

개학 며칠 전, 한 고등학생이 진료를 받으러 왔다. 몇 주 전부터 속이 더부룩하고 가스가 찬단다. 배도 살살 아파서 하루에 몇 번씩 화장실에 간다고 했다. 진찰해보니 장 소리가 요란하고 가벼운 압통도 있었다. 요즘 청소년들에게 흔한 과민성장증후군이 의심스러웠다. 불규칙한 식사, 자극적인 음식, 정신적 스트레스, 운동 부족 등이 원인이었다. 전형적인 생활습관병이고 현대인의 병이다.

'집에서 온라인 수업만 받는데도 스트레스가 있나?'

의아해진 나는 학생에게 물었다.

"아직 개학 안 했잖아요?"

"온라인 수업 끝나면 오후부터 저녁까지 학원에 다녀요."

그러고 보니 그는 '고3'이었다. 코로나19 사태로 정부에서는 학원 운영 중단을 권고하는 행정명령을 내렸다. 하지만 서울 강남 지역 학원 대부분은 정상 운영하고 있다는 기사를 본 기억이 났다. 심지어 학원 중단에 대해 학부모들 의견이 엇갈린다고도 했다. 코로나19 때문에 난리가 났지만, 수학능력시험은 다가오고 있었다. 나는 학생에게 밥은 잘 챙겨 먹는지 물었다.

"저녁은 거의 컵라면이나 햄버거 같은 것으로 때워요."

"아니, 아무리 학원이라도 저녁 식사 시간은 있을 것 아닙니까?"

"학원에 따로 식사 시간이 없어요. 쉬는 시간에 알아서 먹어야 해요."

과민성장증후군은 약으로 낫기 어렵고, 식사와 생활 습관을 바로잡아야 사라진다. 나는 가능하면 학원에 도시락을 싸가라고 권유했다. 학생은 일단 수긍은 했지만 곤란하다는 표정으로 진료실을 나갔다.

우리나라 학생들의 학습 시간은 길기로 유명하다. OECD 〈국제 학업성취도 평가〉에 따르면, 2015년 기준으로 우리나라 청소년들의 '방과 후 학습활동' 참여 시간은 그리스, 터키에 이어 셋째로 길었다. 그런데 방과 후 학습활동 중 '학부모 부담, 영리회사에 의해 조직된 방과 후 수업', 그러니까 학원에 다니는 시간은 OECD 회원국 평균의 6배에 달할 만큼 압도적 1위였다. 과연 '사교육 공화국'이라 부를 만하다.

복통과 함께 학생들이 자주 호소하는 증상이 또 있다. 머리, 특히 뒤통수가 아프고 목과 어깨가 결리는 증상이다. 목뼈 엑스레이를 찍어보면 본래의 'C자 곡선'이 거의 사라지고 '1자 모양'으로 서 있는 경우가 흔하다. 바로 '거북목' 증상이다. 한 대학병원이 지역 청소년들을 조사했는데 놀랍게도 80퍼센트가 거북목이었다(〈메디컬 한의〉 2017년 1월 9일자). 공부하느라 오래 앉아 있으면 거북목이 되기 쉽다. 그런데 한 학생에게 거북목 진단을 내리자 엄마가 기가 찬다는 듯 끼어들었다.

"얘는 학생이 밤새 게임을 하고 핸드폰만 만져요. 선생님이 좀 말려주세요."

"학생이 뭐!"

학생은 발끈해서 엄마를 노려보며 소리쳤다.

진료받는 동안에도 스마트폰을 손에서 놓지 못하는 학생이 많다. 그들 중 일부는 이른바 '스마트폰 중독'일지도 모른다. 스마트폰을 오래 사용하면 목뼈 건강에 좋지 않다. 그런데 하지 말라고 그만둔다면 중독이 아니다. 중독은 결핍을 반영하기 때문이다. 우리나라 청소년들에게 부족한 것은 무엇일까? 중독에서 벗어나기 위해서는 가족의 따뜻한 관심과 지지가 필요하다. 공부하라는 잔소리는 상황을 더 나쁘게 만들 뿐이다. 복부비만인 중년 남성의 체념 섞인 한탄이 떠올랐다.

"술 담배 끊으면 무슨 재미로 살아요?"

2019년 〈아동종합실태조사〉에서 우리나라 어린이와 청소년의 주관적 행복지수는 OECD 22개 회원국 가운데 20위로 가장 낮은 수준이었다. 또 2014년 한국직업능력개발원이 시행한 설문조사에서 "희망직업이 없다"라고 응답한 청소년은 중학생의 31.6퍼센트, 고교생의 29.5퍼센트나 됐다. 우리나라 청소년 3분의 1은 꿈이 없는 것이다. 꿈도 없고 행복하지도 않은 청소년들…. 그들이 왜 스마트폰에 집착하는지 알 것도 같다.

코로나19가 유행하는데도 수험생들은 어쨌든 경주를 시작했다. 대다수 학생과 학부모가 대학 입시에 목매는 이유는 무엇일까? 우리나라는 냉정한 '학력 사회'다. 교육 수준에 따라 소득이 달라진다. 다음 그래프를 보자. 고등학교 졸업자의 임금을 100으로 놓았을 때 2017년 기준으로 중학교 졸업자는 75, 대학교 졸업자는 145다. 대학교 졸업자는 고등학교 졸업자보다 임금이 45퍼센트포인트 더 많다. 이 격차는 시간이 지나도 큰 차이가 없다.

학력이 만든 소득 격차를 극복하기란 얼마나 어려운 것

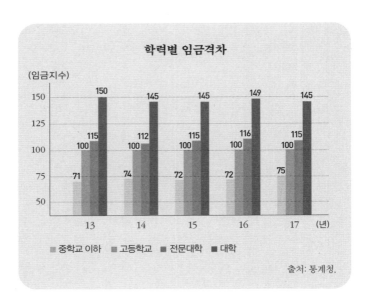

학력별 임금격차

(임금지수)

- 중학교 이하
- 고등학교
- 전문대학
- 대학

출처: 통계청.

일까? 우리나라 소득 하위 10퍼센트가 평균소득을 버는데 걸리는 기간은 150년이었다. OECD 평균인 135년보다 길었고, 소득 불평등이 극명하다는 미국과 같았다. 소득 계층 이동에 5세대나 걸린다는 뜻이다(〈동아일보〉 2018년 7월 30일자). 반드시 대학교에 들어가야 할 이유가 있었다!

우리나라에서 대학교는 다 같은 대학교가 아니다. 계층 이동을 제대로 하려면 '좋은' 대학, 일명 'SKY 대학'에 들어가야 한다. 우리나라 고위공무원 총 1476명 가운데 서울대, 고려대, 연세대 같은 이른바 SKY 출신이 814명으로 전체의

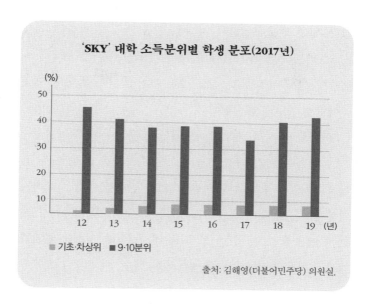

'SKY' 대학 소득분위별 학생 분포(2017년)

(%)

출처: 김해영(더불어민주당) 의원실.

55.2퍼센트를 차지했다(《국민일보》 2016년 9월 15일자). 우리나라 100대 기업 CEO의 55.9퍼센트 역시 SKY 출신이었다(《매일경제》 2020년 5월 20일자). 그러니 우리 아이도 반드시 '좋은' 대학에 들어가야 하는 것이다.

하지만 가난한 집에서 '신분 상승' 사다리에 올라타기란 너무나 어렵다. 학생의 능력만큼이나 부모의 재력이 중요하기 때문이다. 더불어민주당 김해영 의원실에서 공개한 자료에 따르면, 'SKY 대학' 재학생 가운데 2019년 기준으로 가구 소득이 최상위인 9, 10분위가 차지하는 비율은 43.47퍼센트였다. 반면 기초수급자나 차상위 계층 가구에 속하는 학생은 5.95퍼센트에 불과했다. 고소득 가구는 자녀를 SKY에 보낼 가능성이 저소득 가구보다 7배 이상 높다는 뜻이다. 이것이야말로 가난의 대물림이다.

학생들을 성적 순으로 줄 세우는 우리나라 교육에서는 '낙오자'가 생기기 마련이다. 청소년 환자들은 보통 아침 일찍 혹은 오후 늦게 동네 의원을 찾는다. 수업 시간을 피하기 위해서다. 그런데 오전 11시나 오후 2~3시처럼 어정쩡한 시간에 병원에 오는 청소년도 있다. 한번은 한 청소년 환자가 감기 기운이 있다고 찾아왔다. 사실 별로 아파 보이지 않았다. 진찰해보니 열도 없었고 목도 붓지 않았다. 약을 간단히 처방해줄까 물었더니 필요 없단다.

'그럼 이 학생은 병원에 왜 온 거지?'

나는 의아했다. 학생이 원하는 것은 진료확인서뿐이었다. 그걸 학교에 제출해야 결석 처리가 되지 않는단다. 학생이 진료실을 나가자 간호사가 내게 한마디 했다.

"쟤는 상습범이에요."

결석을 걱정하는 것을 보면 '학교 밖 청소년'은 아닌 것 같았다. 하지만 한 달에 서너 번 진료확인서를 떼러 온다니 학교 다니는 게 참 싫은 모양이다. 우리나라 '학교 밖 청소년'

은 2017년 기준으로 무려 40만 명이나 된다. 한국청소년정책연구원이 발표한 〈서울 학교 밖 청소년 실태와 지원현황 분석〉(2019년)에 따르면, 학업을 중단한 시기는 고등학교 1학년과 2학년이 82퍼센트였다. '고3'이 되기 싫어서였을까. 학업을 중단한 이유는 "학교에 다니는 게 의미가 없어서"가 46퍼센트로 가장 많았다.

청소년을 포함해서 모두가 기본소득을 받는다고 가정해보자. 여기에서는 '보편성' '무조건성' '개별성'만큼이나 '충분성'이 중요하다. 한 사람당 매월 60만 원의 기본소득도 세 식구면 180만 원, 네 식구면 240만 원이 된다. 이 정도면 우리 삶에 여러 가지 변화를 일으킬 수 있다. 하지만 한 청소년이 자신의 삶에 관해 다른 선택을 할 만큼 충분하지는 않다. 그러면 150만 원의 기본소득이라면 어떨까? 기본소득 액수가 많아질수록 소득 재분배 효과도 커진다. 학력에 따른 소득 격차가 줄어들게 된다는 뜻이다. 그렇다면 꼭 대학에 들어가야 할 이유도 줄어든다. 사실 학생과 학부모 대부분에게 SKY 대학은 현실적인 목표가 아니다. 뒤처지지 않기 위해서, '불안정한 미래'를 피하려고 공부한다고 보는 것이 맞다. 서울에 있는 이른바 '인서울' 대학에 들어갈수록, 우리 사회에서 낙오하지 않을 가능성이 커지기 때문이다. 우리 사회는 그만큼 불안정하고 기댈 곳이 없다. 따라서 개개인에게는 자신의 소득과 그것을 보장해줄 학력이 절대적으로 중요할 수밖에 없다.

몇 해 전 한 시민사회단체 사무실에서 청년들을 만났다. 이미 안면이 있던 대학생들 사이에 처음 보는 얼굴이 있었다. 서로 인사를 나누었다. 그리고 나는 습관적으로 물었다.

"학번이 어떻게 되세요?"

"저는 수능을 거부했어요."

얼굴이 벌게지도록 부끄러웠다. 30년 전의 나라면 상상도 하지 못할 일을 행동으로 옮긴 청소년이었다. 모두가 충분한 기본소득을 받는다면 우리 삶은 완전히 달라진다. 먹고 살 길이 없을지 모른다는 두려움에서 벗어날 수 있다. 학력이나 소득과 상관없이 자기가 좋아하는 일을 찾을 수 있다. 비로소 그때부터 다른 미래를 꿈꿀 자유가 청소년 모두의 권리가 될 수 있지 않을까. 나는 더 많은 청소년이 대학 입시를 거부하는 용기를 내주었으면 한다. 기본소득은 그들이 기댈 버팀목이 될 것이다.

인구 감소를
멈추는 방법?

날이 더워지면 배탈·설사 환자가 부쩍 늘어난다. 어느 날 초등학교 5학년 어린이가 동네 의원에 혼자 찾아왔다. 그 나이 또래 학생들은 대개 엄마와 함께 온다. 씩씩한 그 어린이가 마음에 들었다. 아이는 전날부터 배가 살살 아프고 화장실에 자주 간다고 했다. 다행히 열은 없었고 배를 눌러보니 압통도 심하지 않았다. 바이러스성 장염일 가능성이 컸다. 바이러스성 장염은 '장에 생기는 감기'와 같다. 특별한 치료제는 없다. 그냥 잘 먹고 푹 쉬면 대개 일주일 안에 낫는 병이다. 화장실 가는 것이 힘들어서 흔히 환자들은 물이나 식사를 끊는데, 이는 잘못된 방법이다. 장 점막을 빨리 회복시키려면 물과 영양분을 충분히 섭취해야 한다. 진찰을 마치면서 아이에게 습관적으로 한마디 건넸다.

"엄마한테 가서 죽 끓여달라고 말씀드려."(이때 내 설명은 틀렸다. 장염에는 죽보다 보통 식사가 더 좋다.)

의젓하던 아이의 표정이 갑자기 어두워졌다. 그는 무뚝뚝한 얼굴로 처방전을 받아서 나갔다. '내가 무슨 말실수라도 했나?' 싶어 간호사에게 물었다.

"저 아이 좀 이상하네요. 갑자기 왜 저러죠?"

"쟤, 시설에 사는 아이예요."

그 아이는 죽을 끓여줄 엄마가 없었다.

나는 종종 지방에 있는 동네 의원에서 진료한다. 서울에서 벗어나면 '시설'에 사는 어린이나 청소년들을 쉽게 만날수 있다. 진료기록 프로그램에 어린이 환자가 연달아 올라왔다. 그런데 성씨가 모두 달랐다. 시설 지도교사가 아픈 아이들을 한꺼번에 데려온 것이다. 세 살짜리 아이와 초등학교 저학년 어린이 두 명이 진료실에 들어왔다. 지도교사는 이런일에 익숙해 보였다. 그녀는 가장 어린 환자를 진찰용 의자에 먼저 앉히고 나머지 두 명은 대기 의자에 앉게 했다. 그러고는 수첩을 꺼내 세 살짜리 어린이가 어떻게 아픈지 설명했다. '시설 아이들'이라고 내가 알고 있었기 때문일까. 그들은 너무나 달랐다.

엄마가 데려오는 아이들의 경우, 자기 차례를 기다리는 동안 가만히 있지 못한다. 진료실에는 처음 보는 신기한 물건이 너무 많으니까. 책상 위에 놓인 청진기나 설압자에 손을 대거나 인체 모형이 신기한 듯 "엄마 이게 뭐야?"라고 묻기도 한다. 간호사가 "그거 만지면 안 돼요"라고 엄한 목소리를 내도 잠시뿐이다. 반면 시설 아이들은 진료실 안에서 어떻게 행동해야 하는지 너무나 잘 알았다. 두 초등학생 아이는 의자에 얌전히 앉은 채 조용히 자기 차례를 기다렸다. 세 살짜리 역시 마찬가지였다.

감기 증상이 있는 어린이의 경우 보통 청진기로 숨소리를 듣고 난 뒤 귀, 목, 코 순서로 진찰한다. 목과 코를 나중에 보는 것은 어린이 환자 대부분 그 검사를 질색하기 때문이다. 목구멍으로 설압자를 집어넣어 혀를 누르거나 비경으로 콧구멍을 벌리면 아이들은 소리를 지르면서 온몸을 비튼다. 콧물을 빼려고 콧구멍에 흡입기라도 대면 대개 자지러진다. 엄마를 바라보며 구해달라는 듯 눈물을 뚝뚝 흘리는 아이도 있다. 엄마나 의사가 아무리 설명해도 본능적 두려움을 극복하기란 쉽지 않다. 그때 엄마들은 혼을 내기도 하고 잘

끝내면 뭔가 사주겠다고 달래기도 한다. 세 살짜리 아이를 진찰하려면 보통 엄마가 무릎에 앉혀서 팔다리를 꽉 잡아야만 가능하다.

하지만 시설에서 온 그 아이는 달랐다. 겁먹은 표정이었지만 꼼짝하지 않고 진찰을 견뎠다. 지도교사를 쳐다보지도 않았다. 아무도 도와주지 않는다는 것을 알기 때문일까. 돌아가는 길에 지도교사가 그 아이를 꼭 안아주길 바랐다. 시설 아이들은 너무 일찍 커버린다.

전국 아동복지시설에서 생활하는 어린이는 약 1만 2000명이나 된다. 보건복지부에 따르면, 2015년 보호자로부터 버림받은 18세 미만 아이가 모두 4503명이었다. 과연 어떤 이유로 부모가 아이 키우는 것을 포기할 수 있을까? 두 아이의 아빠인 나로서는 그들의 마음을 상상하기 어렵다. 끔찍하게 고통스러운 결정이었으리라 짐작할 뿐이다.

가부장제 문화와 성차별적 풍토가 강하게 남아 있는 우리 사회에서 '혼인 이외 출산'은 여전히 금기다. 사회적 차별에 대한 공포는 죽음에 대한 공포만큼, 아니 때로는 그보다 더 크다. 혼인 이외 출산, 원하지 않은 임신과 육아라는 무거운 부담을 누구도 여성에게 강요할 수 없다. 그래서 2019년 헌법재판소의 '낙태죄 헌법 불일치' 판결을 적극적으로 환영

했다. 기본소득은 결코 만병통치약이 아니고, 단번에 성 평등을 이룰 수 있는 묘책도 아니다. 그래서 기본소득운동은 여성운동을 지지하고 그들과 연대하고자 한다. 그런데 사회적 차별은 종종 '경제적 이유'와 교차한다. 차별은 '먹고살 방편'으로부터 고립으로 이어질 때가 많기 때문이다. 그렇다면 모두가, 앞으로 태어날 아기까지 자기 몫으로 기본소득을 받는 사회라면 어떨까?

시설 어린이들의 존재는 아이 키우기 힘든 사회의 극단적 예일 뿐이다. 사실 대한민국에서 아이 키우기가 얼마나 힘든지는 우리 모두 잘 알고 있다. 자녀가 OECD 회원국 가운데 최장 시간의 사교육을 받으려면, 부모들은 그만큼 허리띠를 졸라매야 한다. 그런데 한계에 다다랐는지 한국인은 '아이 낳기를 포기'하고 있다. 통계청은 2019년 우리나라 합계출산율이 0.92명으로, 1970년 통계를 작성한 이래 가장 낮았다고 발표했다. 이는 평균적으로 여성 한 명이 평생 한 명도 낳지 않는다는 뜻이다. 0점대 출산율은 OECD 회원국들 가운데 우리나라가 유일하며, 세계에서도 가장 낮은 수준이다. 이런 추세가 지속되어서 출생자가 사망자보다 적어지면, 우리나라 인구는 자연적으로 줄어들 수밖에 없다. 대한민국이 '인구 소멸국가' 1호가 되는 것 아니냐는 우려마저 나온다.

한국인은 왜 아이를 낳지 않을까? 통계청 〈인구동향조사〉에 나온 〈모母의 연령별 출산율〉, 그러니까 여성들이 몇 살 때 아기를 낳는지 살펴보면, 제일 먼저 눈에 띄는 것이 20대 여성의 출산율이다. 1993년까지 20대 여성은 다른 나이의 여성보다 아기를 훨씬 많이 낳았다. 그런데 1993년부터 그들의 출산율은 가파른 속도로 떨어졌다. 그런데 뜻밖의 통계도 보인다. 30대 여성의 출산율이 오히려 증가한 것이다. 이는 결혼 연령이 늦어지는 것과 관계가 있다.

통계청의 같은 조사에 나온 〈여성의 연령별 미혼율〉을 보면, 역시 20대 후반 여성의 미혼율이 두 배 가까이 올랐다. 우리나라에서는 결혼해야 아기를 낳을 수 있다. 결국, 20대 여성의 출산율이 떨어지는 것은 그들이 결혼하지 않기 때문이다. 그런데 결혼하지 않은 30대 초반 여성의 비율도 세 배나 높아졌다. 하지만 위에서 언급한 대로 30대 여성의 출산율은 오히려 증가하고 있다. 그러니까 결혼한 30대 여성들은 예전보다 아기를 더 많이 낳고 있다는 뜻이다. 한국인이 아이 낳기를 포기하고 있다는 말은 그래서 틀렸다. 한국인은 출산이 아니라 결혼을 포기하고 있는 것이다. 곧 '혼인율' 감소가 인구 감소의 주된 원인이라고 말해야 한다. 지난해 인구 1000명당 혼인 건수를 뜻하는 '조혼인율'은 4.7건으로, 역

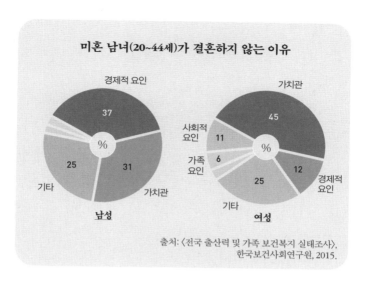

미혼 남녀(20~44세)가 결혼하지 않는 이유

남성
- 경제적 요인 37
- 가치관 31
- 기타 25

여성
- 가치관 45
- 기타 25
- 경제적 요인 12
- 사회적 요인 11
- 가족 요인 6

출처: 〈전국 출산력 및 가족 보건복지 실태조사〉,
한국보건사회연구원, 2015.

시 1970년 통계 작성 이후 최저치로 떨어졌다.

그런데 한국인은 왜 결혼하지 않는 걸까? 한국보건사회
연구원이 발표한 〈전국 출산력 및 가족 보건복지 실태조사〉
(2015년)에서 해답을 엿볼 수 있다. 미혼남녀(20~44세)에게
결혼하지 않는 이유를 물었다. 응답은 성별에 따라 크게 달
랐는데, 남성에게 가장 중요한 이유는 '경제적 요인', 곧 돈이
었다. 반면 여성이 가장 많이 든 이유는 '가치관'이었다. 특
히 "결혼보다 내가 하는 일에 더 충실해지고 싶어서"라고 응
답한 여성이 남성보다 월등히 많았다. 여성이 결혼하지 않은
이유 중에서 경제적 요인만큼 중요한 것은 '사회적 요인'이었

다. "결혼생활과 일을 동시에 수행하기가 어려울 것 같아서" "결혼생활로 본인의 사회활동에 지장이 있을까 봐" 같은 응답이 여기에 속했다.

실태조사 결과는 많은 것을 이해하게 해준다. 성별로 따져보자. 남성이 돈 때문에 결혼하지 않는다면, 그것은 21세기에도 여전히 남성이 '생계부양자'라는 뜻이다. 앞에서 보았듯이 남성은 여성보다 평균적으로 소득이 많고 정규직으로 일하는 비율도 높다. 하지만 평균은 평균일 뿐이다. 이런 성불평등한 현실에서 소득이 적은 남성은 결혼을 주저할 수밖에 없다. 결혼하지 않는 여성들은 어떨까? "결혼보다 내가 하는 일에 더 충실해지고 싶어서" "결혼생활과 일을 동시에 수행하기가 어려울 것 같아서" "결혼생활로 본인의 사회활동에 지장이 있을까 봐" 같은 답변의 비율에서 알 수 있듯이 여성의 불안과 자의식은 같은 현실을 정반대 방향에서 비추고 있다. 결혼생활 때문에 일이나 사회활동에 소홀해질까 우려하는 것이다. 실제로 여성은 육아와 가사노동, 감정노동 대부분을 떠맡고 있다. 해결책은 일과 가사 모두 남녀가 공평하게 나누는 데에 있을 것이다. 몇 차례 주장한 것처럼 노동시간 단축과 기본소득 도입이 그래서 꼭 필요하다.

기본소득과 함께 도입해야 할 제도가 하나 더 있다. 바로

'부모의 의무적 유급 출산·육아 휴직제도'다. 남성이 아무리 가사를 나누어도 출산은 대신 해줄 수 없다. 그래서 많은 여성이 출산과 동시에 일을 그만두고 육아까지 전담하게 된다. 이렇게 경력이 단절되면 여성은 일자리를 포기하거나 임금이 낮은 일자리밖에 얻지 못한다. 하지만 우리나라 남성에게 의무 출산휴가는 없다. 또 남성 육아휴직자 수가 빠르게 늘고 있긴 하지만, 2019년 기준으로 전체 육아휴직자의 5분의 1에 불과하다. 남성 직장인 5명 중 4명은 육아휴직을 사용하지 못한 것으로 나타났다(《리크루트타임즈》 2019년 10월 2일자). 의무 사항이 아닌 데다 가계소득이 너무 줄어들기 때문이다. 아이를 출산하면 부모 모두 의무적으로 유급 휴직을 하도록 해야 한다. 그래야 출산과 육아를 남녀가 최대한 공평하게 나눌 수 있다. 그리고 부모의 육아휴직으로 줄어든 가계소득은 기본소득으로 메워야 한다.

인구 감소를 막기 위해서 우리는 결혼을 장려해야 할까? 아르메니아에서 근무할 때 한 활동가 가정에 초대받은 적이 있다. 우즈베키스탄인 여성과 인도인 남성은 구호 현장에서 만난 사이였다. 그들은 정식으로 결혼하지는 않았지만, 누구에게나 가족으로 인정받았다. 여성에게는 4~5살쯤 되는 남자아이가 하나 있었는데, 그는 인도인 남성의 이름을 부르며 잘 따랐다. 그 커플은 한참 말을 배우는 아이가 영어, 러시아어에 아르메니아어까지 뒤섞어 배운다며 걱정 반, 웃음 반이었다. 분명 사랑이 넘치는, 그래서 평범한 가정이었다. 난 그 가정의 '무겁지 않음'이 부러웠다. 우리나라에서는 언제쯤 그런 가정에 초대받을 수 있을까.

사실 나는 대한민국 인구 감소나 한국인 소멸에는 별로 관심이 없다. 지구촌을 놓고 보자면, 세계 인구는 여전히 폭발적으로 늘고 있어서다. 하지만 우리나라 청년들이 더는 경제적 불안에 시달리지 않기를, 여성이라는 이유로 가정과 사회에서 차별받지 않기를 바란다. 기본소득은 청년과 여성 문제 해결에 커다란 도움이 될 수 있다. 미래가 불안해서 '취업 준비'만 하는 데에서 벗어나 청년들은 다양한 선택을 할 수 있다. 여성 역시 가족과 육아라는 무거운 짐을 남성 그리고 공동체와 나눌 수 있다. 그런 사회가 실현된다면 다른 이유로 가족을 꾸리는 것이나 출산, 육아를 포기하는 한국인은 분명 줄어들 것이다.

안전한 나라 대한민국의 속사정:
모두에게 안전하게 일할 권리를!(상)

20대 청년이 쩔뚝거리며 진료실에 들어섰다. 그 뒤로 모친으로 보이는 여성이 따라 들어왔다. 나도 모르게 얼굴을 찌푸렸다.

'20대가 되었는데도 엄마가 병원에 데려오다니.'

환자의 오른쪽 발등이 심하게 부었고 발가락 쪽으로 멍이 내려와 있었다. 발등을 누르니 심한 통증을 호소했다. 청년의 사연은 이랬다. 이틀 전 공사현장에서 무거운 쇠파이프가 발등에 떨어졌는데, 무척 아팠지만 당장 일을 못 할 정도는 아니었다. 자기 실수로 쇠파이프를 떨어뜨렸으니 아프다고 하소연할 수 없었다고 한다. 그는 고통을 참고서 그날 일을 마쳤고, 다음 날 통증이 조금 나아져 출근했다. 그런데 일을 할수록 발등이 점점 아파왔다. 환자는 작업반장에게 통증을 호소하며 물었다.

"발등이 너무 아픈데 산재 처리할 수 있나요?"

"뼈가 부러진 것 같아?"

"아니요. 그런 것 같지는 않아요."

"뼈 안 부러졌으면 산재 처리 안 돼."

결국, 환자는 고통을 참으며 그날 일을 마쳤다. 그다음 날 일어났는데 제대로 걷기 힘들 정도였다. 집에서 그냥 쉬겠다는 아들을 엄마가 병원에 끌고 온 것이다. 나는 그 모친이 진심으로 고마웠다.

일하다 다친 환자가 오면 동네 의원 접수대에서는 이것저것 까다롭게 묻는다. 산업재해 환자가 건강보험으로 치료를 받으면 동네 의원에 무척 번거로운 일이 생겨서다. 건강보험공단과 서류를 주고받고 본인부담금과 보험급여를 돌려줘야 한다. 산업재해는 국민건강보험이 아니라 산업재해보상보험에서 급여를 지급하기 때문이다. 그런데 공사현장이나 작은 공장에서 다치는 노동자들은 산업재해 처리 여부가 불분명하거나 사업주와 합의가 안 된 경우가 많다. 20대 청년은 자신이 산업재해를 당했는지조차 몰랐다. 그래서 동네 의원들은 산업재해 환자에게 일단 진료비 전액을 받기도 한다. 나중에 산업재해보상보험에서 급여가 들어오면 환자에게 받은 진료비를 돌려준다. 이렇게 자기 돈 내고 엑스레이 검사와 치료를 받으면 진료비가 최소 수만 원이다. 주머니 사정이 어려운 노동자들에게는 문턱이 될 수밖에 없다.

원무과장이 진료실에 슬쩍 들어와 환자와 엄마를 데리고 나갔다. 산재 처리 절차에 관해 설명했을 것이다. 환자 분류가 '비보험'으로 바뀌어 청년이 다시 접수되었다. 일단 환자가 진료비를 모두 낸다는 뜻이다. 그제야 환자는 엑스레이 검사를 받을 수 있었다. 천만다행으로 골절은 아니었다. 하지만 연부조직이 많이 다쳐서 걷기가 어려울 정도였다. 환자의 다리에 부목을 대고 소염진통제를 처방해주었다. '뼈는 안 부러졌지만' 산재 처리가 매끄럽게 잘 되길 바랐다.

2020년 5월 5일 어린이날을 맞아 프로야구가 개막했다. 무관중 경기이긴 했지만 전 세계에서 유일하게 열리는 프로 스포츠 경기였다. 야구의 본고장 미국에서 우리나라 프로야구팀을 응원하는 진풍경이 벌어지기도 했다. 그때는 신천지교회를 통해 폭발적으로 늘어났던 코로나19 감염이 잦아져서 확진자가 하루 10명 미만으로 발생하고 있었다. 학생들의 등교 날짜도 확정되어 내심 코로나19 종식을 꿈꾸기도 했다. 'K-Pop'에 이은 'K-방역'으로 불릴 만큼 적극적인 선별조사와 역학조사, 격리조치가 빛을 발하는 순간이기도 했다. 세상에서 '가장 안전한 나라'라는 자긍심을 느낄 만도 했다. 하지만 바로 일주일 전인 4월 29일 이천의 한 물류창고에서 화재가 발생해 38명이 사망하고 10명이 다치는 참사가 일어났다. 우리는 잠시 잊고 있었을 뿐이다. 대한민국이 여전히 산업재해 공화국이라는 사실을. 통계청에서 발표한 OECD 회원국의 〈근로자 10만 명당 치명적 산업재해 수〉(2015년)를 살펴보자.

2015년 우리나라의 '근로자 10만 명당 치명적 산업재해 수'는 5.3건으로, OECD 회원국 중 멕시코와 터키 다음으로 많다. 이는 OECD 평균인 2.7건의 두 배에 가깝고, 가장 적게 일어나는 스웨덴보다는 무려 7배나 많다. 고용노동부 통계에 따르면, 2019년 한 해 산업재해로 사망한 노동자 수는 2020명이었다. 안타깝게도 대한민국은 적어도 일하는 사람들에게는 '가장 안전하지 않은 나라' 중 하나다.

발등을 다친 청년을 모친이 병원에 데려오지 않았다면 어떻게 되었을까? 그는 1~2주 정도 앓다가 다시 공사현장에 나갔을 것이다. 한참 지나 통증이 재발하면 동네 의원에

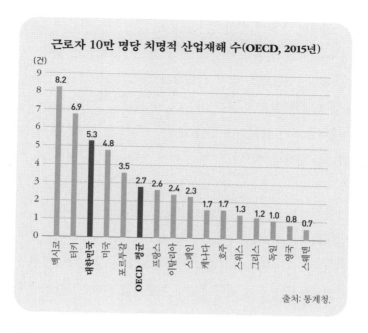

근로자 10만 명당 치명적 산업재해 수(OECD, 2015년)

출처: 통계청.

서 물리치료를 받을 수도 있다. 번거로우니 그냥 건강보험으로 처리하자고 우기는 산업재해 환자들을 진료실에서 여러 번 만났다. 나만의 경험은 아니었다. 건강보험공단이 발표한 〈산재 은폐로 인한 건강보험 재정누수 방지방안 연구〉 보고서를 보면, 2016년 기준으로 연간 최소 277억 원에서 최대 3218억 원의 재정이 새고 있었다. 많은 노동자가 산업재해로 인한 부상이나 질병을 산재보험이 아니라 건강보험으로 처리하고 있다는 뜻이다.

얼마나 흔하게 벌어지는 일일까? 같은 연구자들이 1090명의 다양한 직종 노동자들을 상대로 설문조사를 했다. 그랬더니 산업재해를 실제 산업재해로 처리하는 비율이 38.9퍼센트에 불과했다. 응답자의 74.5퍼센트는 "회사 및 원·하청업체로부터 불이익을 받지 않으려고" 산재 처리를 하지 않았다고 답했다. 여기서 문제는 단지 산업안전공단에서 낼 돈을 국민건강보험공단에서 냈다는 데 있지 않다. 우리나라의 산업재해율은 얼마나 될까? 2015년 기준으로 우리나라 산업재해율은 0.5퍼센트로 OECD 회원국 평균의 4분의 1밖에 되지 않는다. 선뜻 고개를 끄덕이기 어렵다. 우리나라에서는 산업재해가 드물게 일어나는데 치명적인 사고만 자주 발생한다는 뜻일까? 그럴 리는 없다. 그보다는 작은 산업재해를 숨기고 있다고 보는 게 옳을 것이다. 앞의 설문조사에서 봤듯이 노동자들에게 산업재해 사실을 숨기라는 압력이 작용하고 있다. 작은 재해에 눈 감는 일터에서 사망 사고 희생자가 생길 가능성이 크지 않겠는가.

2016년 6월 초, 나는 참지 못하고 구의역으로 향했다. 역 곳곳에는 시민들이 황망한 마음을 적은 쪽지와 꽃다발로 가득했다. 구의역에서는 2016년 5월 26일, 외주업체 직원 김씨가 스크린도어를 혼자 수리하다가 열차에 치여 사망했다. 스크린도어 수리는 '2인 1조'가 원칙이었지만 번번이 지켜지지 않았다는 사실, 김씨 가방에 아직 먹지 못한 컵라면이 있었다는 소식은 사람들에게 참을 수 없는 분노와 슬픔을 한꺼번에 일으켰다. 나는 구의역 근처에 있는 김씨 빈소에서 조문했다. 너나 할 것 없이 찾아온 시민들이 앳된 얼굴의 영정 사진을 향해 고개를 숙였다. 김씨 모친은 조문객들에게 감사의 인사를 하다가 감정이 북받치는지 울부짖었다.

"처참하게 죽은 아들을 '명예 기관사' 시키겠다고 서울메트로에 입사시킬 수는 없습니다."

비난 여론을 의식한 서울메트로에서 고인이 된 김씨에게 명예 기관사로 입사를 제안한 모양이었다. 하지만 서울메트로는 김씨가 안전수칙을 지키지 않아 일어난 사고라며 발뺌을 하고 있던 때였다. 이후 진상규명위원회 조사에 따르면, 원청인 서울메트로는 4~6명의 외주업체 직원에게 48개 역의 스크린도어 관리를 맡게 한 사실이 드러났다. 비용 절감을 위해서였다. 2인 1조 작업 수칙은 애초에 지킬 수 없는 것이었다.

김씨는 작업이 위험하다는 것을 모를 리 없었다. 이미 2013년과 2015년에도 스크린도어를 수리하던 노동자가 열차에 치여 사망하는 사고가 있었기 때문이다. 그는 왜 항의

하거나 작업을 거부하지 못했을까? 우리는 그 답을 알고 있다. '어림도 없는 소리'였을 것이다. 그는 외주업체에서도 비정규직으로 일하고 있었다. 그러니 외주업체 위에 있는 서울메트로는 그에게 '슈퍼갑'이었다. 원청이 계약을 해지하면 외주업체 노동자들은 졸지에 일거리를 잃는다. 컵라면으로 끼니를 때우고 행운을 바라면서 일하는 수밖에 없었다.

우리가 구의역 사고에 분노하는 까닭은 막을 수 있는 일이었기 때문이다. 산업안전보건법에는 사업주의 작업중지 의무와 노동자의 '작업중지권'이 명시되어 있다. 51조에는 "사업주는 산업재해가 발생할 급박한 위험이 있을 때는 즉시 작업을 중지하고 근로자를 작업장소에서 대피시키는 등 안전 및 보건에 관하여 필요한 조치를 하여야 한다"고 되어 있고, 52조 1항에는 "근로자는 산업재해가 발생할 급박한 위험이 있는 경우에는 작업을 중지하고 대피할 수 있다"고 나와 있다. 하지만 작업중지권은 우리나라에서 대표적으로 '죽어버린 권리' 중 하나다. 위에서 살펴보았듯이 산업재해가 발생해도 숨기기 급급하다. 하물며 노동자가 작업이 위험하다고 중지할 수 있을까?

산업안전보건법 52조 4항은 작업중지권이 죽어버린 이유를 짐작하게 한다.

"사업주는 산업재해가 발생할 '급박한'(저자 강조) 위험이 있다고 근로자가 믿을 만한 '합리적인'(저자 강조) 이유가 있을 때는 제1항에 따라 작업을 중지하고 대피한 근로자에 대하여 해고나 그 밖의 불리한 처우를 해서는 아니 된다."

구의역에서 김씨가 혼자 스크린도어를 수리하던 상황을 두고 산업재해가 발생할 '급박한' 위험이 있다고 말할 수 있을까? 지위에 따라, 상황에 따라 다르게 해석할 수 있는 '합리적인' 이유 역시 너무나 모호하다. 노동자가 위협을 느껴 작업을 중지했더라도 이후에 아무런 위험이 없다고 판명 나는 때도 있다. 그런 경우 사업주는 작업을 중지한 노동자에게 민·형사 손해배상을 청구하기도 한다.

산업재해 대부분이 규모가 작은 사업장에서 일어난다는 사실도 중요한 이유다. 고용노동부가 발표한 〈사업장 규모별 산업재해 사망자 수〉에 따르면, 2019년 산업재해 사망자 2020명 가운데 61.6퍼센트에 해당하는 1245명이 50인 미만 사업장에서 나왔다. 사업장 규모가 작을수록 환경이 열악해서 사고 위험은 높을 수밖에 없다. 하지만 회사가 작다 보니 사업주와 노동자 사이가 가까워서 싫은 소리를 내기가 어렵다. 또 노동자 수가 적으니 힘을 합해도 목소리가 약하다. 물론 규모가 작은 사업장일수록 대기업 눈치를 보는 하청업체

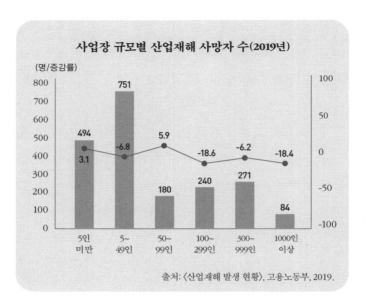

사업장 규모별 산업재해 사망자 수(2019년)

(명/증감률)

출처: 〈산업재해 발생 현황〉, 고용노동부, 2019.

일 가능성도 크다.

법전에 명시되어 있더라도 행사하지 않으면 그것은 죽은 자유와 권리다. 진짜 자유와 살아 있는 권리를 만드는 것은 행동이다. 우리는 이 사실을 절실하게 깨달은 기억이 있다. 헌법에 따라 대한민국 국민 모두는 '집회의 자유'를 누릴 수 있다. 하지만 한때 정부는 일명 '명박산성'을 세워서 시위대를 가로막았다. '물대포'를 얼굴에 쏘아 백남기 농민을 죽이기도 했다. 수백만 명의 시민이 촛불을 들고 광장을 메운 다음에야 이런 행위가 권리 침해임이 명백하게 드러났다.

궁금하지 않을 수 없다. 우리나라는 오랫동안 산재 사망률 1위 국가였다. 비록 부족하지만 법은 노동자의 안전과 권리를 명시하고 있었다. 그런데도 왜 하루에 다섯 명꼴로 노동자들이 산업재해로 죽는 것일까? 노동자들이 단결해서 일어나 법을 지키라고, 법을 고치라고 외치지 못했기 때문이다. 노동자 개개인은 사업주와 원청 앞에서 약자일 뿐이다. 그래서 기본소득이 필요하다. 기본소득은 노동자들이 조직으로 모여 협상력을 높이는 데 큰 도움이 될 것이다. 다음 장에서 이야기를 좀더 이어가겠다.

3장

진료실 밖에서
만난
기본소득

BASIC
INCOME

그들이 철탑에 올라가는 이유는?:
모두에게 안전하게 일할 권리를!(하)

벚꽃이 몽롱할 정도로 흐드러지게 핀 봄날이었다. 지하철 역에서 나와 IT 빌딩들 사이를 지나 도착한 곳은 풍경과 도무지 어울리지 않는 공장이었다. 봄볕이 좋아서였을까? 공장 담벼락에 붙어 있는 현수막과 꿈틀거리는 글귀들은 왠지 모르게 꿈같았다. 그 너머로 비닐을 칭칭 휘감은 철탑이 발뒤꿈치를 들어 머리를 내민 것처럼 서 있었다. 두 사람이 바로 그 위에 있었다.

두 노동자는 120일 넘게 철탑에서 농성 중이라고 했다. 노동조합은 그들의 건강 상태를 살펴줄 의사를 찾고 있었다.

방책으로 막아놓은 정문을 지나자 사무실에서 기다리고 있던 조합원들이 맞아주었다. 노동조합은 이미 20년 가까이 회사와 싸우고 있었다. 1987년 노동자 대투쟁 이후 이 공장에도 노동조합이 생겼다. 그런데 1998년 IMF가 터지고 '정리해고'가 가능해지면서 회사는 '경영상의 이유로' 노동자들을 대거 해고했다. 노동자들은 현장과 법원에서 여러 해 끈질기게 싸웠고, 마침내 부당해고 판결을 받아냈다. 하지만 회사는 순순히 물러서지 않았다. 별도 법인을 만들어 노동자들을 갈라놓았고 공장 일부를 해외로 이전했다. 또 조합원들만 생산라인에 따로 배치한 다음 CCTV로 감시하고 도청까지 했다. 이렇게 시달린 조합원들은 모두 '우울증을 수반한 만성 적응장애'라는 산업재해 판정을 받았다.

끔찍하게 길었던 싸움은 그렇게 잠잠해지나 싶었다. 그런데 이제 회사는 공장 대지를 매각하려고 했다. 회사는 단순한 이전이며 생산라인을 폐쇄할 뜻은 없다고 주장했지만 숱하게 당한 노동자들, 이제 몇 명 남지 않은 조합원들은 그렇게 받아들일 수 없었다. 결국 누군가 철탑에 올라가는 수밖에 없었다. 철탑으로 안내하던 조합원이 설명을 마치며 이렇게 말했다.

"도대체 누가 저런 곳에 올라가고 싶겠어요? 다른 방법이 없으니까요."

어기적어기적 철탑에 기어 올라갔다. 오래 씻지 못해 꾀 죄죄한 두 사람이 나를 반겼다. 그들은 여전히 두꺼운 패딩을 입고 있었다. 봄볕에 잠깐 걷기엔 따뜻하지만 밖에 오래 있으면 한기가 드는 3월이었다. 횡횡 부는 바람 때문에 꼭대기에 친 천막이 사납게 흔들렸다. 나는 청진기, 체온계, 혈압계 등으로 간단히 진찰했다. 그런데 한 사람에게 마음이 쓰였다. 보통 '투쟁하는 노동자'라면 나 같은 외부인에게 씩씩하게 보이려고 애쓰기 마련이지만 그 노동자의 얼굴에는 의지로도 어찌할 수 없는 어두움과 피로감이 드러나 있었다.

나는 그 노동자와 천막 안에서 따로 이야기를 나누었다. 그는 최근 잠을 제대로 자지 못하고 입맛도 없다고 했다. 불면증은 다른 마음 건강 문제의 신호인 경우가 흔하다. 내가 물었다.

"이렇게 오래 철탑에서 농성하니까 많이 힘드시겠어요."

"사실 요즘 이러다 죽을 것 같다는 생각이 번뜩 들곤 해요. 그럴 때는 가슴이 답답해지고 숨 쉬기도 힘들어요."

"조합원들에게 미안해서 힘들다는 말도 못 하시겠네요?"

"그렇죠. 어떨 때는 철탑에서 뛰어내릴지도 모른다는 생각이 들어서 제 자신이 두렵습니다."

나는 철탑에서 서둘러 내려와 가깝게 알고 지내던 정신의학과 의사와 통화했다. 그 노동자는 공황장애와 우울증을 앓고 있을 가능성이 컸다. 정신의학과 의사에게 처방받은 약을 가지고 일주일 뒤 다시 철탑을 방문했다.

"지금 철탑에서 내려가 정신의학과 치료를 받으시길 권해드립니다."

답을 기다리는 몇 초가 무척 길게 느껴졌다. 아마 답을 짐작했기 때문일 것이다. 그는 이렇게는 내려갈 수 없으며 좀 더 버텨보겠다고 답했다. 나는 준비해간 약을 건네주고 철탑에서 내려왔다. 몇 주 뒤 노동조합은 철탑 농성을 포기했고, 그 노동자는 정신의학과 치료를 받았다.

우리는 수없이 보았다. 노동자들이 단식하거나 철탑이나 광고탑에 올라가는 장면을. 우리나라 노동자들은 OECD 국가들 가운데 가장 위험한 일터에서 일하고 있다. 그뿐이 아니다. 임금과 권리를 지키기 위해 투쟁할 때에도 종종 목숨을 걸어야 한다. 이유는 무엇일까? 세상이 아무리 변해도 노동자들에게는 단결이 유일한 무기다. 노동조합 조직률을 먼저 살펴보자.

2017년 기준으로 우리나라 노동조합 조직률은 10.7퍼센트, 단체협약 적용률은 12퍼센트로 OECD 주요 국가들 가

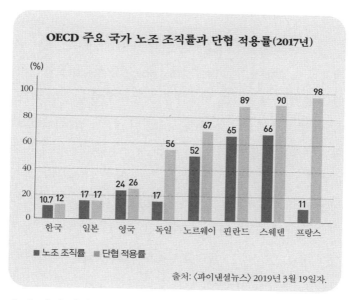

OECD 주요 국가 노조 조직률과 단협 적용률(2017년)

(%)

- 노조 조직률
- 단협 적용률

출처: 〈파이낸셜뉴스〉 2019년 3월 19일자.

운데 가장 낮다. 프랑스는 노동조합 조직률이 11퍼센트로 우리나라와 비슷하지만, 단체협약 적용률이 98퍼센트에 이른다. 프랑스는 산별노조 단위로 단체협약을 하기 때문에 낮은 노동조합 조직률을 보완할 수 있다. 치명적 산업재해 수가 우리나라의 7분의 1에 불과했던 스웨덴을 기억하는가? 스웨덴의 노동조합 조직률은 무려 66퍼센트에 달한다. 역시 우리나라보다 7배 가까이 높다. 우리나라 노동자들의 90퍼센트는 노동조합 밖에 있는 것이다. 그러니 노동조합과 노동자들의 힘이 약할 수밖에 없다. 노동자들이 극단적 투쟁 방식으로 내몰리는 이유다.

우리나라 노동조합 조직률은 왜 이렇게 낮을까? 일단 비정규직 노동자가 너무 많아서다. OECD 통계에 따르면 2019년 기준으로 우리나라 비정규직 노동자 비율은 24.36퍼센트로, 회원국 가운데 네 번째로 높았다. 이는 OECD 평균인 11.77퍼센트보다 두 배 이상 높은 수치다. 하지만 비정규직 비율만으로는 압도적으로 낮은 노동조합 조직률을 설명하기 어렵다.

우리나라 노동조합 조직률은 2018년 11.8퍼센트로 14년 만에 처음으로 10퍼센트대를 넘겼다. 그런데 11.8퍼센트라는 숫자를 다시 들여다보면, 평균에 가려진 실상을 좀더 이해할 수 있다. 고용노동부에서 발표한 〈기업 규모별 노동자 수와 노동조합 조직률〉을 보면, 2018년 기준으로 우리나라 전체 노동자 2014만 명 가운데 1564만 명, 그러니까 77.7퍼센트가 99명 이하 기업에서 일하고 있다. 특히 임금 노동자가 30명 미만인 작은 기업에 노동자의 58퍼센트가 고용되어 있다. 그런데 이런 30명 미만인 기업의 노동조합 조직률은 0.1퍼센트, 곧 0에 가깝다. 30~99명인 기업에서도 2.2퍼센트에 불과하다. 99인 이하 기업에는 노동조합이 '꿈같은 이야기'라고 말해도 지나치지 않다. 100~299명 사이 기업의 조직률

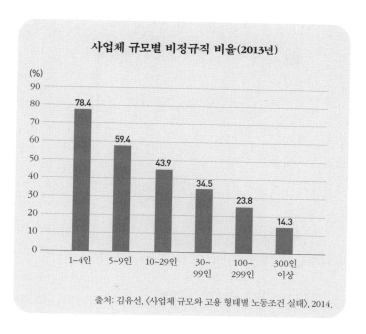

사업체 규모별 비정규직 비율(2013년)

(%)

출처: 김유선, 〈사업체 규모와 고용 형태별 노동조건 실태〉, 2014.

은 10.8퍼센트로 우리나라 '평균'에 가깝다. 반면 300명 이상 기업의 노동조합 조직률은 50.6퍼센트로 예상보다 높다. 300명 이상 기업만 따지면 노르웨이 같은 북유럽 국가가 부럽지 않은 수준이다.

질문을 다시 해야 한다. 작고 영세한 기업에서 일하는 노동자들은 왜 노동조합으로 조직되지 못하는가? 우리나라 전체 비정규직 노동자 비율을 기업 규모에 따라 다시 살펴보면 단서를 얻을 수 있다. 그래프에서 볼 수 있듯 사업체 규모별 비정규직 비율은 앞서 이야기한 사업체 규모에 따른 노동조합 조직률과 그 수치가 정반대인 것을 확인할 수 있다. 다시 말해 사업체 규모가 작아질수록 비정규직 노동자 비율은 커졌다. 4인 이하 사업체에는 78.4퍼센트가 비정규직인데 반해 300인 이상 사업체에는 14.3퍼센트만 비정규직이다. 또 비정규직 노동자들은 한자리에서 오래 일하지 못한다. 그들의 근속기간은 정규직의 3분의 1 수준에 머문다(《한국의 사회 동향 2018》, 통계청).

하지만 아직 궁금하다. 임금 노동자 5~9인 규모의 사업체에는 비정규직이 59.4퍼센트, 10~29인 규모는 43.9퍼센트다. 바꾸어 말하면 40~56퍼센트의 노동자는 정규직인 것이다. 또 노동조합 조직률이 2.2퍼센트에 불과한 30~99인 사업장에는 정규직 노동자가 65퍼센트나 된다. 하지만 이런 사업장의 정규직 노동자들마저 노동조합을 조직하지 못하고 있다. 왜일까? 상대적으로 규모가 작은 사업장에서 노동자들이 정규직과 비정규직으로 나뉘어 있기 때문이다. 정규직과 비정규직은 임금도, 노동조건도 다르다. 더구나 기업체 규모가 작을수록 사업주는 노동자를 대체하기가 더 쉽다. 비정규직의 존재는 정규직 노동자들에게 '언제든지 비정규직으로 대체될 수 있다'는 압력을 느끼게 한다. 노동조합 조직이 어려울 수밖에 없다.

기본소득에 대한 주요 반론 중 하나는 뜻밖에도 노동조합에서 나오고 있다. 기본소득이 노동조합의 힘을 약하게 만든다는 것이다. 노동조합은 우려한다. 기본소득을 받으면 자본가들이 임금을 삭감해도 노동자들이 투쟁하지 않을 것이라고. 하지만 대다수 노동자는 줄어든 임금을 이미 묵묵히 받아들이고 있다. 이것은 미래에 일어날 수 있는 일이 아니라 이미 일어나고 있는 현실이다. 우리나라와 OECD 국가들의 노동소득분배율을 살펴보자. 노동소득분배율이란 국민소득 중 노동자의 몫을 가리킨다. 1996년부터 2015년까지 OECD 회원국들의 평균 노동소득분배율은 1.75퍼센트포인트 떨어졌다. 그런데 우리나라 노동소득분배율은 1996년 66.12퍼센트에서 2016년 55.72퍼센트로 10.4퍼센트포인트나 하락했다. 분석대상인 OECD 20개 회원국 가운데 가장 크게 떨어진 것이다. 2015년 기준으로 우리나라보다 노동소득분배율이 낮은 나라는 일본과 그리스뿐이었다.

노동자들이 안전하게 일하고 임금도 지키기 위해서는 정규직과 비정규직 노동자가 함께 목소리를 내야 한다. 그것도 수십 명의 노동자가 정규직과 비정규직으로 나뉜 작은 사업장에서 말이다. 기본소득은 노동조합의 우려와 달리 노동자들이 단결하도록 도울 수 있다. 기본소득의 '보편성'이 참으로 소중한 장면이다. 모두가 기본소득을 받을 권리가 있는 이유는 앞에서도 강조했듯 공통부가 모두의 것이어서다. 그런데 기본소득의 보편성에는 다른 중요한 이유가 또 있다. 2016년 촛불광장에서 우리는 민주공화국이 부여한 기본 권리를 주장했다. 이미 법전에 명시되어 있었지만 죽은 권리들이었다. 그 권리를 함께 다시 쟁취했을 때 우리는 공화국의 평등한 시민이자 주권자가 되었다. 기본소득이 모두에게 권리가 있다고 주장하는 이유가 바로 이것이다. 정규직과 비정규직은 임금이나 작업 환경에 관한 요구만 해서는 단결하기 어렵다. 조건이 너무 다르기 때문이다. 공통의 요구를 할 때 노동자들은 작업장과 고용 형태를 뛰어넘어서 하나가 될 수 있다. 기본소득 도입과 노동시간 단축을 함께 쟁취한다면, 정규직과 비정규직의 경계는 희미해진다. 그때라면 노동자들은 권리를 지키기 위해 목숨을 걸고 철탑에 올라갈 필요가 없을 것이다.

불안은
영혼을 갉아먹는다

손님으로 보이지 않는 우리를 처음에 그는 뜨악한 표정으로 쳐다보았다. 다행히 나와 대화를 거부하지는 않았다. 그 30대 청년은 우울척도검사(CES-D)에서 36점이 나왔다. 국립정신건강센터 지침에 따르면 25점 이상은 '심한 수준의 우울감'을 느끼고 있다는 뜻이다. 그는 전문가의 도움이 필요했다. 내 설명을 듣자 그는 자기 이야기를 털어놓았다. 마치 누군가와 꼭 대화하고 싶었던 것 같았다. 청년은 편의점에서 10시간씩 밤에만 일하고 있었다. 야간 근무만 고집하는 이유는 공무원시험을 준비하고 있어서다.

"다른 경쟁자들은 수백만 원을 내고 학원에서 공부하고 있어요. 하지만 저는 돈도 없는데다 어머니까지 부양해야 합니다. 그래서 이렇게 아르바이트를 하며 공부를 병행하고 있어요."

문제는 그것만이 아니었다. 그는 불면증도 앓고 있었다. 일을 마치고 아침에 푹 자야 오후에는 공부할 수 있는데 언제부터인가 잠들지 못했다. 그는 술에 손을 댔다. 거의 매일 소주 한 병씩 마신다고 했다.

"이런 삶에서 벗어나는 탈출구는 공무원시험 합격뿐이에요. 하지만 불면증 때문인지 너무 무기력해져서 공부가 잘 안 되네요."

나는 그가 도움을 얻을 수 있도록 정신의학과 의사를 소개해주었다. 청년은 일단 명함을 받았다. 하지만 한 달 뒤에 시험이 있으니 그때까지는 버텨보겠다고 했다. 그리고 덧붙였다.

"제 문제의 90퍼센트는 돈이면 해결됩니다. 그게 너무 싫어요."

2016년 나는 한 단체가 벌인 야간 아르바이트 청년 노동자의 '마음 건강 실태조사'에 참여한 적이 있다. 편의점, PC방, 노래방, 당구장 등에서 밤에 일하는 아르바이트 노동자들을 조사원들이 직접 방문했다. 그중에서 마음 건강이 걱정되는 노동자들은 내가 찾아가 만났다. 역시 우울척도검사 점수가 무척 높았던 다른 20대 청년은 PC방에서 야간 근무를 하고 있었다. 그런데 그가 일하는 계산대에는 PC방과 어울리지 않는 건반이 놓여 있었다. 그는 음악가를 꿈꾸는 청년이었다. 그래서 몇 년 전 부모님께 월세 보증금만 받아 서울로 올라왔다. 그러고 보니 그의 삭발한 머리가 눈에 띄었다. 야간 아르바이트와 음악 작업을 함께 하는 것은 절대 만만치 않았다. 자신의 꿈 이야기를 할 때와 달리 청년의 목소리는 작아졌다.

"미래가 너무 불안해요. 저도 이제 곧 서른이 되거든요. 그런데 미래를 준비할 시간이 없어요. 게다가 마음이 불안해지니까 음악에 집중하기가 더 힘들어요."

그는 조사 항목 중 특히 불안감, 고독감에서 높은 점수를 보였다.

당시 설문조사에는 59명의 야간 아르바이트 노동자들이 응답했다. 응답자 중 21명, 곧 3분의 1 이상이 경도 이상의 우울감을 느끼고 있었다(CES-D 점수 16점 이상). 상담이 필요하거나 우울증이 의심되는 중증 이상의 우울감을 느끼는 응답자도 16.9퍼센트에 달했다(10명, CES-D 21점 이상). 야간 아르바이트 노동자들의 잠 건강은 어떨까? 응답자의 3분의 1 이상(22명)은 일주일에 하루 이상 잠을 자지 못했다. 잠 건강에 문제가 있는 청년들은 일주일에 평균 4.2일을 제대로 잠들지 못했다. 그러니 일주일에 3일 이상 심한 불면증을 겪는 비율도 72.7퍼센트(16명)에 달했다. 결과적으로 응답자 59명 가운데 33명, 그러니까 절반 이상이 우울감이나 불면증 같은 마음 건강 문제를 가지고 있었다.

이것은 야간 아르바이트를 하는 청년 노동자들만의 문제일까? 건강보험심사평가원에서 2019년 국회에 제출한 〈최근 5년간 공황장애, 불안장애, 우울증, 조울증 환자 현황〉 자료를 보면, 2018년 이들 질병으로 진료를 받은 환자는 170만 5619명으로, 2014년 129만 4225명에 비해 31.8퍼센트 증가했다. 그런데 이들 질환별 증가율 1위는 모두 20대였다. 2018년 진료환자 중 20대는 20만 5847명으로, 2014년 10만 7982명에 비해 거의 두 배로 늘었다. 이어 10대와 30대의 증가율이 각각 66퍼센트, 39.9퍼센트 순이었다.

우리나라 20대 청년들에게 무슨 일이 벌어지고 있는 걸까? 2018년 통계청이 발표한 〈연령대별 시간제 고용 비율〉을 살펴보면, 2004년에만 해도 시간제는 거의 10대와 60대 이상에만 해당하는 고용 형태였다. 그때는 10대 시간제 노동자들이 '알바생'으로 불리기도 했다. 그 이후 2018년까지 시간제는 꾸준히 늘었고, 10대와 60대 이상 시간제 비율도 거의 두 배로 증가했다. 그런데 20대에서는 시간제 비율이 더 크게 늘었다. 2004년 5.6퍼센트에 불과했던 시간제 일자리가 2018년 15.4퍼센트로 거의 세 배나 증가한 것이다.

비슷한 기간에 청년실업률도 덩달아 올랐다. 2008년 7.1퍼센트였던 우리나라 청년실업률은 2018년 9.5퍼센트로 높아졌다. 같은 기간 OECD 평균 청년실업률이 10.4퍼센트에서 9.1퍼센트로 하락한 것과는 대조적이다. 청년들의 일자리는 더 불안정해졌고 그나마도 못 구하는 청년이 늘어난 것이다. 하지만 시간제 비율이나 실업률은 우리나라 청년들의 현실을 다 보여주지 못한다. 미래를 준비하기 위해 경제활동에 참여하지 않는 청년이 압도적으로 많기 때문이다. 이들은 통계에서 실업자로 잡히지 않는다. 2018년 우리나라 청년들의 경제활동 참가율은 47.1퍼센트로, OECD에서 최하위 수준이다. 이 통계들은 한 가지 사실을 가리키고 있다. 우리나라 청년의 삶은 불안하며 미래는 불투명하다는 것.

2018년 기준으로 우리나라 취업준비생은 70만 명에 달한다. 이 가운데 공무원시험 준비생, 일명 '공시생'은 44만 명으로 추정된다. 2018년 수능 응시자가 약 60만 명이라고 하니 정말 엄청난 수다. 이렇게 많은 청년이 공무원시험에 매달리는 이유가 뭘까? 역시 미래에 불안을 느끼기 때문이다. 그들은 안정된 직장을 얻기 위해 기꺼이 고시원과 학원에서 젊은 날을 보낸다. 그들이 기본소득을 받는다면 어떨까? 우린 여기서 기본소득에 대한 가장 강력한 반대 논리에 부딪히게 된다.

"누구나 기본소득을 받는다면, 도대체 누가 일하려고 하겠는가?"

기본소득을 둘러싼 가장 첨예한 논쟁이 여기에서 벌어지고 있다. 이 질문을 받으면 나 역시 두 가지 생각이 동시에 든다. '지금보다 적게 일해야 한다.' '노동을 포기하는 사람이 줄어들 것이다.' 이 문제에 실마리를 풀어줄 소식이 하나 있다. 바로 핀란드 기본소득 실험이다. 2020년 5월, 핀란드 사회보장국이 2017~2018년 2년 동안 벌인 기본소득 실험 결과 보고서를 발표했다. 사회보장국은 핀란드에서 실업급여를 받은 사람 가운데 2000명을 무작위로 뽑아서 기본소득 560유로(약 73만 원)를 매달 지급했다. 기본소득에는 아무런 조건이 없었다. 그러니까 실업급여와 달리 다른 소득 여부나 적극적인 구직 여부를 묻지 않았다. 대조군은 실업급여를 받았지만 기본소득 실험에 뽑히지 않은 사람들이었다. 결과는

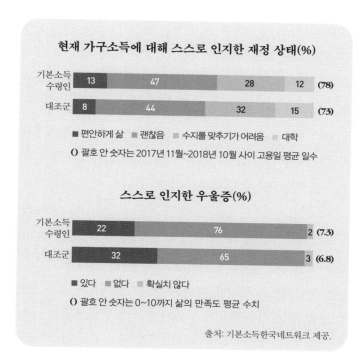

현재 가구소득에 대해 스스로 인지한 재정 상태(%)

기본소득 수령인	13	47	28	12	**(78)**
대조군	8	44	32	15	**(73)**

■ 편안하게 삶 ■ 괜찮음 ■ 수지를 맞추기가 어려움 ■ 대학

O 괄호 안 숫자는 2017년 11월~2018년 10월 사이 고용일 평균 일수

스스로 인지한 우울증(%)

기본소득 수령인	22	76	2	**(7.3)**
대조군	32	65	3	**(6.8)**

■ 있다 ■ 없다 ■ 확실치 않다

O 괄호 안 숫자는 0~10까지 삶의 만족도 평균 수치

출처: 기본소득한국네트워크 제공.

어땠을까? 그래프에서 살펴보자.

기본소득을 받은 집단과 그렇지 않은 집단은 얼마나 일하려고 했을까? '고용일의 평균 일수'에서 알 수 있듯이, 일년 동안 기본소득 수령인은 평균 78일, 대조군은 평균 73일일했다. 큰 차이는 아니다. 일부 언론에서 기본소득 실험이실패했다고 전하는 이유다. 핀란드 사회보장국도 이를 두고'작은 고용 효과small employment effects'라고 평가했다. 하지만

사회보장국은 이 결과가 해석하기 까다롭다는 점 역시 인정했다.[4] 2018년 1월 '활성화 모델', 그러니까 적극적으로 구직 노력을 하지 않으면 실업급여를 4.65퍼센트 삭감하는 조치를 도입했기 때문이다. 이 조치 때문에 실업급여를 받는 대조군은 구직 노력을 더 열심히 했을 가능성이 있다. 활성화 모델이 없었다면 기본소득 수령인과 대조군의 고용일수 차이는 더 벌어졌을 수도 있다.

내 관심을 더 끈 결과는 다른 곳에 있었다. 기본소득 수령인이 삶의 만족도가 더 높았고, 스스로 인지한 우울증 비율도 낮아졌다. 또 스스로 인지한 재정상태 역시 긍정적 답변이 전반적으로 늘었다. 사회보장국은 "경제적 안정과 정신적 웰빙이 더 나아졌다"고 평가했다. 핀란드 기본소득 실험은 처음부터 한계가 있었다. 기본소득 수령자가 모두 '실업자'였기 때문에 핀란드의 다양한 집단과 계층을 대표하지 못했다. 또 2년이라는 시간은 다른 미래를 상상하기에는 너무 짧다. 그렇지만 나는 핀란드 기본소득 실험에서 희망을 발견했다. 많은 사람의 우려와 달리 기본소득 수령인들은 일하기를 포기하지 않았다. 기본소득이 사람을 게으르게 만들 것이라는 주장은 근거를 찾을 수 없게 되었다. 무엇보다 기본소득은 삶에 더 만족하도록 도와주었다. 불안을 줄여준 것이다.

　불안은 영혼을 갉아먹는다. 불안하면 상상하고 창조하는 능력을 마음껏 발휘할 수 없다. 내가 만난 청년들이 기본소득을 받는다면 어떨까? 어떤 청년은 음악 작업에만 몰두할 수 있고, 다른 청년은 불면증 걱정 없이 공무원시험 준비에 집중할 수 있을 것이다. 또 많은 공시생이 수백 대 일의 합격 가능성에 매달리기보다 당장 하고 싶은 일을 찾을 수도 있다. 미래를 불안해하는 대신 진정으로 오늘을 사는 청년들이 더욱 늘어날 것이다.

어떤 미래를
원하는가?

　몇 년 만의 만남이었다. 시민사회단체에서 활동하던 그녀가 우울증을 앓았다. 사람들과 연락을 끊고 집에 틀어박혀 있다는 소문만 들렸다. 친구는 따뜻하고 다정하며 섬세한 사람이었다. 나 역시 그녀에게 신세를 많이 졌다. 터덜터덜 친구가 나타났다. 그녀는 씩씩하게 보이려고 애썼지만, 무표정만큼 숨기기 어려운 것도 없다. 잘 지내니 걱정하지 말라는 친구의 말이 쓸쓸하게 들렸다. 서로 할 말이 많지 않았다. "요즘 뭐 하고 지내냐"고 내가 물었다.

　"마트 계산대에서 일해."

친구는 특별한 자격증이 없었고 병으로 여러 번 경력이 단절되었다. 그런 40대 여성이 얻을 수 있는 일자리는 많지 않다. 표정 없는 얼굴로 쉼 없이 상품에 태그를 하는 그녀를 잠깐 상상했다.

자주 가는 대형 할인점에 '셀프 계산대'가 생겼다. 고객이 계산대에서 스스로 태그를 하고 결재하면 된다. 나는 훨씬 편하다고 느꼈다. 계산원이 하루에 수만 번 할 동작을 되풀이하는 동안 멍청히 바라보며 서 있는 것이 오히려 불편했다. 또 아이들이 직접 계산하는 걸 재미있어했다. 하지만 '유인 계산대'에 비하면 셀프 계산대는 수가 너무 적다. 고객 대부분은 여전히 유인 계산대를 이용한다. 나는 궁금했다. 왜 유인 계산대를 줄이고 셀프 계산대를 늘리지 않는 건지. 물론 어르신이나 장애인처럼 유인 계산대가 필요한 고객도 있고, 돌발 상황에 대처할 직원도 필요하다. 하지만 셀프 계산대를 적극 도입하면 반복 노동이 훨씬 줄어들 것이다. 더구나 코로나 시대에 대면 접촉은 줄이는 것이 좋지 않은가. 그러다 문득 마트에서 일하는 친구가 떠올랐다. 유인 계산대가 사라지면 그녀는 생계수단을 잃을 것이다.

한 중년 여성이 오른쪽 어깨가 너무 아프다면서 진료실에 찾아왔다. 양팔을 들어보라고 했더니 전혀 문제가 없었다. 나는 어깨가 아니라 목뼈 엑스레이를 찍어보자고 했다. 역시 짐작대로였다. 5, 6번 목뼈와 6, 7번 목뼈는 사이가 좁아져서 뼈가 맞닿을 지경이었다. 목뼈 사이에 있는 추간판, 일명 '디스크'가 닳아 없어진 것이다. 환자는 오래전부터 목덜미가 뻣뻣하고 오른팔이 저리다고 했다. 추간판탈출증이 의심스러웠다. 환자에게 어떤 일을 하느냐고 물었다.

"마트 계산대에서 일해요."

친구 생각이 나서 마음이 아팠다.

"가능하면 일을 바꾸시는 것이 해결책입니다."

역시나 전혀 도움이 되지 않는 조언을 할 수밖에 없었다.

비슷한 환자를 수도 없이 만났다. 단순 반복적인 노동을 하느라 그들은 목, 어깨, 팔꿈치, 손목, 허리, 무릎 등 몸 여기저기에서 통증을 느꼈다. 그리고 몸은 영구적으로 변형되었다. 물론 어떤 노동이든 오래 하는 것은 인간의 몸과 영혼을 병들게 한다. 하지만 세상에는 하루빨리 사라져야 하며, 인공지능이나 로봇으로 지금 당장 대체할 수 있는 종류의 노동도 있다. 나는 딜레마에 빠졌다. 그런 노동이 사라지면 일자리도 없어진다. 그렇게 되면 내 친구들은 어쩌지?

기본소득운동은 머지않은 미래에 인공지능과 로봇이 많은 일자리를 대체할 것이라고 전망한다. 미국의 한 컴퓨터

과학자는 향후 30년 안에 지구촌 인구의 50퍼센트 이상이 실업 상태에 빠질 것이라고 경고했다(《로봇신문》 2016년 2월 15일자). 하지만 반대 논리도 만만치 않다. 인공지능과 로봇에 대한 공포가 지나치다는 것이다. 인공지능과 로봇으로 생산 공정이 최적화되면 생산성과 경쟁력이 높아진다. 그러면 수출이 증가해 오히려 일자리가 늘어날 수도 있다("산업연구원 리포트", 〈중앙일보〉 2017년 4월 13일자). 또 역사를 살펴보면 줄어드는 일자리만큼 언제나 새로운 일자리가 생겨났다. 어느 쪽이 미래를 옳게 예측한 걸까?

코로나19 대유행으로 우리 일상이 바뀌었듯이 다가올 미래도 크게 달라질 것이다. 일명 '언택트' 산업과 문화는 이미 빠르게 퍼져나가고 있다. 키오스크에서 햄버거를 주문하는 모습은 이제 낯설지 않다. 무인 편의점도 하나둘씩 늘어나고 있다. 오프라인 대형 할인점들은 코로나19 때문에 고객이 많이 줄었다. 머지않아 셀프 계산대를 공격적으로 도입할 수밖에 없을 것이다. 대면 접촉 서비스 업종 가운데 판매직 같은 단순 반복적인 일자리가 먼저 인공지능이나 로봇으로 대체될 가능성이 크다.

코로나19가 종식되더라도 과거로 되돌아가기 힘들다. 기업들이 인공지능과 로봇에 이미 많은 돈을 투자했기 때문이다. 그러면 많은 노동자가 일자리를 잃을 수밖에 없다. 위에서 언급한 미래 예측에 따르면, 여기에 두 가지 가능성이 열려 있다. 늘어난 실업자들 대부분이 새로운 일자리를 구하는 경우와 그렇지 않은 경우다.

첫째 가능성을 따져보자. 새 일자리에서 노동자들은 어떤 일을 하게 될까? 대면 접촉 서비스업은 대개 저임금 비숙련 일자리다. 높은 임금을 받을 수 있는 고숙련 전문직이 되려면, 오랜 훈련과 시간 투자가 필요하다. 하지만 그날 벌어서 그날 살아야 하는 노동자들은 긴 재교육, 재훈련 과정을 버틸 여유가 없다. 새 일자리도 결국 저임금 비숙련 일자리일 가능성이 크다. 인공지능이나 로봇이 일부 일자리를 대체했는데도 인류의 삶은 크게 달라지지 않는다. 더구나 그런 비숙련 노동은 언제든지 인공지능에 의해 다시 대체될 위험에 놓여 있다. 비숙련 노동자들은 함부로 임금을 올려달라고 요구할 수 없게 된다.

자본주의 사회에서 기술 발전을 이끄는 주체는 주로 기업이다. 기업은 이윤에 따라 움직인다. 비용이 줄고 이윤이 늘어나야만 기업은 로봇으로 노동자를 대체한다. 그런데 임금이 적어도 일하겠다는 노동자들이 많다면 어떨까? 비싼 최첨단 기술 대신 사람을 고용하는 것이 기업에 더 이득이다.

앞으로도 오랫동안 인류는 사라져야 할 단순 반복 노동에 시달리게 된다. 적은 임금과 언제 해고될지 모르는 불안에 시달리면서 말이다.

둘째 가능성, 그러니까 새로운 일자리가 충분히 생기지 않는 경우는 당연히 그 자체로 재앙이다. 결국, 두 가지 가능성 모두 인류를 풍요로운 미래로 이끌지 못한다. 다른 조건의 변화가 없다면.

"과연 미래는 어떨까?"

이 질문은 틀렸다. 사실 미래는 정해져 있지 않다. 인간은 가만히 앉아서 변화를 받아들이기만 하는 존재가 아니기 때문이다. 변화를 만드는 것은 바로 인간이다. 따라서 우리는 이렇게 물어야 한다.

"어떤 미래를 원하는가?"

나는 인공지능이나 로봇 등 기술 발전의 성과를 상품 생산에 적극 도입하기를 원한다. 그래서 인간의 몸과 영혼을 병들게 하는 단순 반복 노동이 하루빨리 사라지기를 바란다. 물론 일자리가 부족해질 것이다. 이 문제를 해결하려면 먼저 노동시간을 줄여 더 많은 노동자와 일자리를 나누어야 한다. 그렇다고 소득이 줄어들면 안 된다. 적게 일하면서도 최소한의 생계를 유지하기 위해 꼭 필요한 것이 그래서 기본소득이다.

"미래에는 어떤 일자리가 늘어날까?"

이 질문 역시 틀렸다. 우리가 어떤 종류의 노동을 줄일 수 있다면, 다른 노동은 늘릴 수도 있다.

"우리는 어떤 일을 더 하면 좋을까?"

나는 인류가 사회적 돌봄과 사회운동, 정치 활동을 더 많이 했으면 좋겠다.

마트에서 일하는 내 친구는 오랫동안 시민사회단체에서 일했다. 해고된 노동자들과 함께 회사와 싸우기도 했고, 최저임금을 올리라고 정부에 요구하기도 했다. 회의는 주로 저녁에 있었고 흔히 뒤풀이로 이어졌다. 집회나 행사는 대부분 주말에 잡혔다. 그렇게 여가나 휴일도 없이 뛰어다녔다. 하지만 정작 친구는 최저임금도 받지 못했다. 친구가 일했던 단체는 규모가 작아서 회비를 내는 회원도 적었다. 선거철이 되면 빚도 내야 했다. 친구가 지지하는 후보 역시 가난했기 때문이다. 그렇게 몇 년 지나면서 빚은 점점 쌓여갔다. 그래도 '세상을 바꾼다'는 열정과 젊음으로 버티는 수밖에 없었다. 나는 돈을 벌기 위해 단체 일을 그만두는 활동가를 수없이 보았다. 시민사회 활동가들도 최저임금을 꼭 받아야 한다는 공감대가 형성된 것은 그리 오래되지 않았다.

급여 및 급여 만족도

구분		빈도(명)	퍼센트
급여	50만 원 이하	11	20.4
	51~100만 원 이하	8	14.8
	101~150만 원 이하	28	51.9
	151~200만 원 이하	5	9.3
	201~250만 원 이하	2	3.7
	계	54	100
급여 만족도	매우 불만족	10	17.9
	불만족	21	37.5
	보통	23	41.1
	만족	2	3.6
	계	56	100

출처: 〈경기도 시민사회단체 활동가 생활실태
분석 및 지원방안〉, 경기도의회, 2016.

2016년 경기도의회에서 발표한 〈경기도 시민사회단체 활동가 생활실태 분석 및 지원방안〉 보고서는 내 친구들의 서글픈 현실을 그대로 보여준다. 활동가들의 급여 평균은 111만 원으로, 2016년 당시 최저임금 126만 원에도 미치지 못했다. 표에서 알 수 있듯 활동가의 20.4퍼센트는 50만 원 이하의 급여를 받고 있었다. 그들은 아마 반상근이겠지만, 그래도 너무나 낮은 금액이다. 또 활동가의 55.4퍼센트는 자신의 급여에 만족하지 못했다.

"단체활동에서 느끼는 어려움이 무엇인가?"라는 질문에 "경제적 어려움"이라고 답한 비율이 58.2퍼센트로 가장 많았다. 설문에 응답한 12개 단체 중 11개 단체는 활동가 충원에 어려움을 겪고 있었다. 충원이 어려운 이유를 묻자 1순위는 "낮은 임금", 2순위는 "단체의 운영 자체가 힘들기 때문"이라고 응답했다.

우리나라는 여전히 문제투성이지만 그래도 예전보다 좋아진 점도 분명히 있다. 나는 빛나지 않는 곳에서 생활고에 시달리면서도 묵묵히 일한 시민사회단체 활동가들 덕이라고 믿는다. 하지만 그들에게 '열정페이'에 만족하라고 더는 요구해서는 안 된다. 노동자들이 철탑에 올라가지 않기를 바라듯 말이다. 아니, 시민사회운동은 지금보다 훨씬 평범한 우리의 일상이 되어야 한다. 시민사회운동이야말로 인공지능이 결코 대체할 수 없는 일이기 때문이다. 그러기 위해서는 '시민사회단체 활동가'라는 직업도 괜찮은 일자리가 되어야 한다. 기본소득을 받으면 사람들은 다양한 시민사회단체에 가입하고 활동에 참여할 여유가 생긴다. 회비도 더 낼 수 있다. 단체 활동가들이 더 많이 생길 테고, 시민사회운동은 지금보다 활발해질 것이다. 그러면 내 친구도 반짝반짝 빛나는 아이디어를 마음껏 꽃피울 수 있을 것이다. 그때가 되면 인간의 다양한 활동을 '노동'이라는 하나의 다른 이름으로 부르기 어려울지도 모른다. 기본소득을 도입하면 이런 미래가 가능하다.

초고령사회,
우리는 준비되었나?

　엄마는 턱을 씰룩거리고 팔과 다리를 떨었다. 누워 있을 때는 통나무처럼 뻣뻣했고 잘 일어서지 못했다. 겨우 일어서도 주춤주춤 뒷걸음질을 치다가 넘어지려고 했다. 집 밖에서 아이들 소리가 들린다며 헛소리도 했다. 나는 서둘러 엄마를 병원에 입원시키고 MRI, PET, 인지기능검사까지 여러 검사를 받게 했다. 며칠 만에 나온 진단명은 의사인 나에게도 생소한 '루이소체 치매'였다. 알츠하이머 치매와 파킨슨병 증상이 함께 나타나 빠르게 진행되는 병이었다. 병원이라는 낯선 환경에서 엄마의 상태는 더 나빠졌다. 밤에 자지 않고 돌아

다닌다거나 다른 환자나 간호사가 물건을 훔쳐갔다고 의심하기도 했다. 엄마는 그렇게 한 달 동안 병원 신세를 졌다. 며칠은 내가 퇴근하고 엄마 곁에서 잤지만 나중에는 간병인을 썼다. 조선족 간병인은 일주일마다 현금으로만 보수를 받았는데, 의사인 나에게도 부담스러운 금액이었다.

퇴원한 엄마는 주간보호센터에 다녔다. 하지만 상태는 점점 나빠졌고 일 년 뒤에는 요양병원에 입원하는 수밖에 없었다. 이때만 해도 엄마는 스스로 걸을 수 있었고 아들도 알아보았다. 하지만 3년이 지나자 일어나지도 못했고 의사소통도 불가능해졌다. 어느 날 병원으로 엄마를 찾아갔다. 여느 날처럼 엄마는 누워서 멍하니 천장을 바라보고 있었다. 손을 잡아주기 위해 이불을 들추자 뼈와 가죽만 앙상하게 남은 엄마의 다리가 드러났다. 그런데 엄마는 기저귀만 입고 있었다. 간병인에게 한마디 하고 싶었지만 꾹 참았다. 엄마의 오른쪽 무릎은 꺾인 채 굳어버린 지 오래였다. 그런 엄마에게 기저귀를 갈아주고 바지를 입히는 일은 절대 쉽지 않았을 것이다.

그 간병인은 24시간 병실에서 지냈다. 간이침대가 그녀의 방이었고 종이상자 하나에 모든 살림살이가 담겨 있었다. 그녀는 정말 365일 그렇게 살았다. 명절에 일주일 휴가를 다녀

올 때만 다른 간병인이 대신 환자들을 맡아주었다. 나는 요양병원을 운영하는 친구에게 그런 간병인 월급이 얼마인지 물었다. 답을 듣고는 무척 놀랐다. 월급이 240만 원인데 인력업체 수수료를 떼고 나면 더 적어질 것이란다. 친구는 한숨을 쉬며 덧붙였다.

"어휴, 요즘엔 간병인이 갑이야. 구하기가 얼마나 어려운지…."

휴일도 없이 24시간 일하는 대가가 일당 8만 원이었다. 엄연히 최저임금제가 있는데 어떻게 그럴 수 있을까? 알고 보니 간병인은 노동자가 아니라 환자나 보호자와 일대일로 계약하는 개인사업자였다. 그제야 간병인이 왜 현금으로 보수를 받는지 이해할 수 있었다. 하지만 여전히 의아했다. 간병인은 분명 병동 간호사의 업무지시에 따라 우리 엄마를 돌보았기 때문이다. 그들은 병원의 감독을 받는 노동자였다.

한 중년 여성이 무릎이 아프다며 병원에 왔다. 말투를 들으니 조선족이었다. 엑스레이 검사를 해보니 양쪽 무릎 물렁뼈가 눈에 띄게 닳아 있었다. 중등도 퇴행성관절염이었다. 쪼그려 앉는 일을 줄이고 운동을 하라고 권했다. 그러자 그 여성은 어이없다는 표정으로 손사래를 쳤다.

"어휴, 간병일 하면서 종일 앉았다 섰다 합니다. 병원에 올 시간도 없는데 운동할 시간이 어디 있어요?"

간병인은 '비공식 가사노동자'로 분류된다. 그래서 우리나라에 간병인이 몇 명인지 정확한 통계가 없다. 민주노총 공공운수노조에서는 약 20만 명으로 추정한다. 우리 엄마 간병인은 4인 병실에서 일했지만, 요양병원에서는 간병인 한 명이 보통 10명의 환자를 돌본다. 하지만 개인사업자로 분류되어 있어서 근로기준법 적용이나 4대 보험 가입은 꿈도 꿀 수 없다. 이렇다 보니 간병인 가운데 적게는 50퍼센트, 많게는 80퍼센트까지 조선족일 것이라는 게 업계의 추산이다(《중앙일보》 2018년 8월 1일자).

마을버스에 서서 멍하니 창밖을 바라보았다. 문득 내 앞에 앉아 계신 할아버지가 눈에 띄었다. 지팡이 위에 올려놓은 손이 규칙적으로 떨렸기 때문이다. 나는 그 할아버지 얼굴을 살폈다. 가면을 쓴 것처럼 표정이 없었다. 처음에는 할아버지가 뭔가 씹고 있는 줄 알았다. 그분 턱이 무척 빠르고 약하게 움직여서다. 어디선가 많이 본 떨림이었다. 엄마도 저렇게 몸을 떨었다. 할아버지는 파킨슨병을 앓고 있을 가능성이 컸다.

'불편한 몸으로 혼자 어딜 가고 계신 걸까?'

나는 그 할아버지에게서 시선을 뗄 수 없었다. 버스가 정류장에 서자 앞자리 어딘가에서 할머니가 재빠르게 나타났다. 그녀는 할아버지가 일어서고 내리는 것을 도왔다. 할아버지는 구부정한 몸으로 지팡이를 짚으며 파킨슨병 특유의 짧은 보폭으로 할머니를 따라 걸어갔다.

우리나라는 지난 2017년 이미 '고령사회'에 들어섰다. 65세 이상 인구가 전체 인구의 14퍼센트 이상이면 고령사회라고 부른다. 이대로라면 2026년에는 65세 이상 인구가 전체 인구의 20퍼센트 이상인 '초고령사회'에 진입할 것으로 예상한다. 뇌졸중, 치매, 파킨슨병은 '3대 노인성질환'으로 불린다. 치매 환자는 2018년 기준으로 약 73만 명이다. 중앙치매센터가 추정하기를 치매 환자는 20년마다 두 배씩 늘어서 2060년에는 332만 명에 달할 것이라고 한다. 국민건강보험공단의 질병통계를 보면, 우리나라 파킨슨병 환자는 2004년 3만 9265명에서 2016년 9만 6499명으로 10여 년 사이 약 2.5배 증가했다. 또 매년 약 10만 5000명이 새로 뇌졸중을 앓는다. 이들 노인성질환은 모두 타인의 돌봄이 꼭 필요하다. 노인 인구가 늘수록 노인성질환을 앓는 환자도 많아질 것이다. 초고령사회, 우리는 맞이할 준비가 되어 있는 걸까?

지방에서 진료할 때 흔히 보는 모습이 있다. 그날도 77세 할머니께서 80세의 할아버지를 모시고 왔다. 할머니는 접수

하고 나서 할아버지의 증상을 설명한 다음 청진하게 얼른 옷을 올리라고 채근했다. 할아버지는 말없이 할머니가 시키는 대로 할 뿐이었다. 그런데 정작 할아버지는 건강해 보였지만 할머니는 보행 보조기에 의지해 힘겹게 걷고 있었다. 그런 어르신들에게 다른 대안이 있을까? 간병인이나 가사도우미 같은 돌봄서비스는 그들에게 너무 먼 이야기다. 서로 돕거나 할머니가 할아버지를 돌볼 수밖에 없다.

앞에서 코로나19와 인공지능이 '언택트' 산업을 확대하고, 대면 단순 반복 업무를 하는 일자리는 없앨 것이라고 예상했다. 하지만 코로나19도 없앨 수 없는 일자리, 아니 오히려 급격하게 늘어날 일자리가 있다. 바로 돌봄서비스 분야다. 어르신이나 환자만이 아니라 어린이와 장애인처럼 돌봄이 필요한 사람은 너무나 많다. 지금까지 돌봄노동은 가정에서 여성들이 맡아왔다. 하지만 더는 그럴 수 없다. 젊은 여성들이 엄마의 운명을 거부하고 혼자 사는 길을 택하고 있어서다. 더구나 돌봄서비스는 인공지능 로봇으로 대체하기도 힘들다. 무엇보다 따뜻한 손길과 공감하는 마음이 필요한 일이기 때문이다. 미래 사회에는 상품을 생산하는 일에는 지금보다 적은 사람이, 돌봄서비스에는 훨씬 많은 사람이 일하게 될 것이다.

수십만 명의 청년이 공무원시험 준비에 매달릴 만큼 괜찮은 일자리는 부족하다. 그런데 궁금하다. 앞으로 수요가 폭발적으로 늘어날 돌봄서비스 분야는 왜 좋은 일자리가 아닐까? 답은 너무 쉽다. 일은 고되고 불안정한데, 보수는 적기 때문이다. 최저임금에도 미치지 못하는 돈을 받으면서 24시간 환자를 돌보고 싶은 한국인은 없다. 낮은 임금도 마다하지 않는 이주노동자들이 맡는 수밖에 없다.

간병인을 비롯한 돌봄노동자들은 턱없이 낮은 임금을 받고 있다. 그런데 이상하다. 진료실에서 만나는 어르신 부부에게 돌봄서비스는 너무 비싸다. 이게 어찌 된 일일까? 건강보험이나 요양보험에서 간병인이나 가사도우미의 서비스는 급여 대상이 아니기 때문이다. 사용자가 전적으로 비용을 부담해야 한다. 그런데 우리나라 65세 이상 인구의 상대적 빈곤율은 무려 43.7퍼센트로, OECD 국가들 가운데 압도적 1위다. 다른 문제도 있다. 우리나라 돌봄서비스는 대부분 민간업체에서 제공하고 있다. 그들은 당연히 이윤에 따라 움직이고, 수요가 많은 대도시에 몰려 있다. 서울에는 병·의원 십자가가 셀 수 없이 많지만, 지방에는 의사 구경하기가 여전히 쉽지 않은 상황과 비슷하다. 이래저래 지방에 사는 저소득층에게 돌봄서비스는 그림의 떡이다. 가족 중 누군가 경제활동을 포기하고 환자나 어르신을 돌봐야 하는 것이다. 그만큼 가계소득은 줄어든다. 빈곤이 악순환하는 것이다. 물론 그 '누군가'는 대개 여성이다.

모두에게 기본소득을 지급하면 어떻게 될까? 가족을 돌보던 여성이 기본소득으로 돌봄서비스를 이용하고 대신 일자리를 얻을 수 있다. 하지만 경력이 단절되거나 자격증이 없는 중년이나 노년 여성이 구할 수 있는 일자리는 돌봄노동처럼 임금이 적다. 기본소득이 상당히 높지 않은 이상 경제활동을 하더라도 가계수입은 별로 늘어나지 않는다. 차라리 돌봄서비스를 이용하지 않고 여성이 가족을 돌보는 것이 이득이다. 괜히 밖에 나가서 고생만 할 이유가 무엇인가? 이렇게 기본소득을 받으면 낮은 임금을 받던 여성들이 경제활동을 포기할 수도 있다. 그래서 기본소득은 여성의 지위를 과거로 되돌리는 정책이라고 비판받기도 한다.

하지만 기본소득을 다른 정책과 함께 도입하면 사람들에게 더 나은 선택지를 제공할 수 있다. 간병인이나 가사도우미를 노동자로 인정하고, 근로기준법과 최저임금을 적용해야 한다. 그래서 노동시간은 줄이고 임금은 올려야 한다.[5] 하지만 여전히 문제가 있다. 우리나라 돌봄서비스 업체는 대부분 영세한 민간사업자다. 더 많은 노동자에게 더 높은 임금을 지급할 여력이 없으니, 돌봄서비스 가격을 올리는 수밖에 없다. 우리 엄마 간병인을 예로 들면, 8시간씩 세 사람이 교대로 일하도록 바꾸어야 한다. 그래서 간병인 한 사람이 하루 8시간만 일해도 240만 원을 받을 수 있어야 한다. 여기에 기본소득까지 받는다면 노동자 평균 월급 정도를 벌 수 있다. 하지만 문제는 환자와 보호자다. 우리 엄마는 4인실에 있었기 때문에 간병비로 60만 원을 냈지만, 그렇게 되면 그 세 배인 180만 원을 내야 한다. 따라서 아무리 기본소득을 받는다 해도 가난한 사람들은 돌봄서비스를 이용할 수 없다. 대안은 공공돌봄서비스, 곧 정부에서 돌봄서비스를 제공하는 것이다. 일단 간병인과 가사도우미 서비스를 건강보험과 요양보험 급여항목에 포함해야 한다. 앞으로 점점 더 많은 사람에게 간병인과 가사도우미 서비스는 선택이 아니라 필수가 될 것이기 때문이다. 또 정부나 지방자치단체에서 돌봄서비스 기관을 직접 설립해 운영해야 한다. 민간업체가 꺼리는 지방이나 손길이 많이 필요한 사람들에게는 공공기관에서 돌봄서비스를 제공하는 것이 좋다. 돌봄노동자들은 충분한 보수를 받고 이용자는 적은 비용만 내면 된다. 그러면 가족을 돌봄노동자에게 맡기고 집 밖으로 나가 일자리를 구하는 여성이 훨씬 많아질 것이다. 공공돌봄서비스는 많은 청년도 선택하길 원하는 '좋은' 일자리가 될 수 있다.

궁금증이 남았다. 나는 기본소득 도입만이 아니라 건강보험이나 요양보험 같은 사회보험 확대도 주장하고 있다. 되기만 하면 다 좋은 말이다. 하지만 필요한 재정은 어떻게 감당할 것인가? 또 사회보험의 혜택을 늘리려면 보험료를 인상하지 않을 수 없다. 노인 인구가 많아질수록 그들을 부양하는 젊은 인구집단은 세금과 사회보험료 부담을 더 많이 져야 한다. 기본소득이든 사회보험이든 모두 국민 주머니에서 나온다. 이게 어떻게 가능한가?

기본소득이 다른 복지예산을 빼앗을 것이라는 이유로 반대하는 목소리도 만만치 않다. 우리나라 공공사회복지 서비스는 가뜩이나 취약하다. 다음 쪽 그래프에서 보듯이 2017년 기준으로 우리나라는 OECD 국가들 가운데 공공사회복지 지출이 국내총생산의 10.6퍼센트로 최하위다. 가장 높은 프랑스가 31.8퍼센트니 3분의 1 수준이다. 그뿐 아니라 우리나라의 국민부담률 역시 아직 낮다. 국민부담률이란 국민이 내는 조세와 사회보장기여금, 그러니까 사회보험이나 연금에 내는 돈이 국내총생산에서 차지하는 비율을 뜻한다. 우리나라 국민부담률은 2018년 기준 국내총생산의 26.7퍼센트로 OECD 국가들 가운데 아래에서 여섯 번째로 낮다.

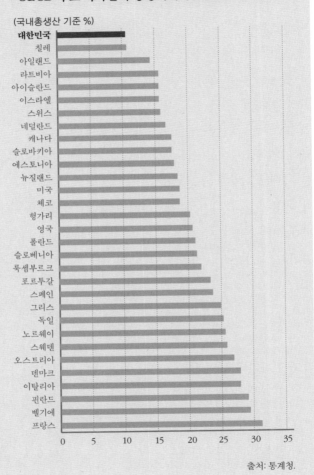

OECD 주요 국가들의 공공사회복지 지출(2017년)

(국내총생산 기준 %)

대한민국	
칠레	
아일랜드	
라트비아	
아이슬란드	
이스라엘	
스위스	
네덜란드	
캐나다	
슬로바키아	
에스토니아	
뉴질랜드	
미국	
체코	
헝가리	
영국	
폴란드	
슬로베니아	
룩셈부르크	
포르투갈	
스페인	
그리스	
독일	
노르웨이	
스웨덴	
오스트리아	
덴마크	
이탈리아	
핀란드	
벨기에	
프랑스	

출처: 통계청.

OECD 평균인 34.3퍼센트보다 아직 7.6퍼센트 부족하다.

그러니까 공공사회복지서비스를 확대하기 위해서는 증세가 불가피하다. 그리고 기본소득을 지급하기 위해서라도 증세는 꼭 필요하다. 하지만 기본소득 재원은 다른 정부 예산과는 성질이 다르다. 국민이 내는 세금의 경우, 정부는 그것을 모아 교육, 사회복지서비스 같은 항목별로 지출한다. 그러니까 세금을 지출하는 주체는 정부다. 하지만 기본소득은 그렇지 않다. 기본소득으로 모인 재원은 정부에서 지출하는 것이 아니라 그대로 국민에게 현금으로 돌아온다. 그러면 개개인이 그 돈을 쓰는 것이다. 그래서 기본소득을 위한 증세는 다른 사회복지서비스를 위한 증세와 완전히 다르다. 따라서 기본소득이 정부가 지출할 복지예산을 빼앗을 것이라고 말할 수 없다.

기본소득은 오히려 사회복지를 강화하는 데 도움을 준다. 일자리가 줄어들고 소득 양극화가 심해지면, 국민이 내는 사회보험료도 줄어들 수밖에 없다. 인구가 줄고 노인은 늘어나면서 이런 현상은 더 심해진다. 사회 그리고 공공서비스를 지탱하는 사람들의 소득을 보장해주는 것이 바로 기본소득이다.

그들도
우리처럼

네팔인 산부인과 의사가 한번 보라고 손짓했다. 나는 잠시 망설였다. 그곳은 우리나라보다 성 문화가 훨씬 보수적인 네팔이었다. 생리 기간에 여성을 가두는 '차우파디' 관습 때문에 2019년 12월에도 20대 여성이 사망했다. 산부인과 의사는 괜찮다는 신호를 다시 보냈고, 나는 가림막 안으로 들어갔다. 할머니는 다리를 벌리고 누워 있었다. 그녀의 가랑이 사이로 크고 허여멀건 덩어리가 툭 튀어나와 있었다. 3기 자궁탈출증이었다. 몸 밖으로 튀어나온 자궁이 다시 들어가지 않는 상태라서 수술이 필요했다. 우리 진료소에서 해줄 수 있는 것은 없었다. 70대 할머니는 수십 년 동안 그 덩어리를 달고 살았다. 아무에게도 말하지 못하고 숨긴 채 말이다. 남편이나 시부모에게 받았을 비난과 학대는 감히 상상하기 힘들다. 우리는 그녀에게 카트만두의 병원을 소개해주었다. 할머니는 단정하게 옷을 고쳐 입고는 두 손을 모아 연신 감사 인사를 했다.

나는 2019년 네팔의 한 마을에서 진료 활동을 했다. 무료 진료소에는 3일 동안 600명 가까운 주민이 찾아왔다. 산위 마을에서 3~4시간을 걸어온 주민도 있었다. 그들의 건강 상태는 우리가 걱정하던 대로였다. 기존 고혈압 환자 가운데 60퍼센트는 혈압이 무척 높았는데, 2기 고혈압(수축기 혈압이 160mmHg보다 높거나 이완기 혈압이 100mmHg보다 높은 경우)에 해당하는 환자도 30퍼센트에 달했다. 기존 당뇨병 환자 가운데 3분의 1 이상은 무작위 혈당이 200mg/dl보다 높았다. 한 할아버지는 혈당이 무려 598mg/dl로 당장 쓰러져도 이상하지 않은 상태였다. 만성질환이 제대로 관리되지 않았다. 주민들은 약을 타기 위해 석 달마다 버스를 타고 7~8시간이나 걸리는 카트만두로 향했다. 동네 보건소에는 고혈압이나 당뇨병 같은 만성질환 치료에 필요한 약이 없었기 때문이다.

2017년 네팔의 사망 원인 2위는 만성폐쇄성폐질환이다.

어려운 이름 탓인지 우리나라에는 잘 알려지지 않았다. 하지만 우리나라 사망 원인 7위, 세계 사망 원인 3위에 해당할 정도로 흔하고 위중한 병이다. 만성폐쇄성폐질환에 걸리면 폐가 천천히 망가진다. 처음에는 계단을 오를 때나 힘든 일을 할 때 숨이 찬다. 하지만 환자 대부분은 나이 탓이려니 하며 넘어간다. 그러다가 가만히 앉아 있어도 숨을 쉬기 힘들어지고, 결국 사망에 이른다. 그런데 진료소를 방문한 600명 가운데 만성폐쇄성폐질환을 앓고 있다고 응답한 주민은 단 한 명도 없었다. 우리나라 40세 이상 성인 가운데 이 병의 유병률은 14.6퍼센트고, 전 세계적으로는 약 10퍼센트다. 네팔에서는 두 번째로 많은 사람이 목숨을 잃는 병이지만 그들은 전혀 모르고 있었다.

더구나 네팔에서 만성폐쇄성폐질환으로 인한 10만 명당 사망자 수는 세계 2위에 달한다. 네팔 공중보건에 심각한 위협이라고 할 수 있다. 만성폐쇄성폐질환은 담배나 화학물질, 대기오염 등이 주요 원인이다. 그러면 네팔인은 담배를 얼마나 피울까? 타바코 아틀라스Tobacco Atlas에 따르면, 2016년 네팔의 1인당 궐련 소비량은 세계 99위로 평균 수준이었다. 농업이 주 산업인 네팔에는 대기오염을 일으킬 만한 제조업이 거의 발달하지 않았다. 외화는 히말라야 등반 같은 관광

업으로 벌어들인다. 그런데 그렇게 많은 네팔인이 왜 만성폐쇄성폐질환에 걸리는 걸까? 세계에서 가장 높은 에베레스트산의 위용을 상상하던 나는 카트만두의 모습을 보고 충격을 받았다. 대기오염이 어찌나 심한지 눈앞이 뿌옇고 목이 따가웠다. 인도 북부 지역에서 엄청난 양의 미세먼지가 넘어오고 있어서였다. 하지만 카트만두 시민들은 고작 면 마스크나 머플러로 코와 입을 막을 뿐이었다.

네팔 주민들이 가장 흔히 호소하는 건강 문제는 역시 허리통증, 퇴행성무릎관절증 같은 근골격계 질환이었다. 안쪽으로 굽은 데다가 퉁퉁 부은 무릎을 두드리며 할머니들은 아프다고 인상을 찌푸렸다. 말이 안 통해도 무슨 병인지 대번에 알 수 있었다. 우리나라에서 만난 어르신 환자들이 떠올랐다. 많은 어르신이 한 손으로는 무릎을 짚고 구부정한 허리는 지팡이로 겨우 지탱하면서 동네 의원에 온다. 매일같이 '안 아픈 주사'를 맞아야만 진료실을 나가는 어르신도 있다. 그래야 그날 하루 일할 수 있기 때문이란다.

얼마 전 지방에서 진료할 때 일이었다. 한 할머니가 허리에 손을 얹고 쩔쩔매면서 진료실에 들어왔다. 화장실에서 넘어졌단다. 서둘러 엑스레이 검사를 했는데 할머니의 허리 사진을 보고 나는 맥이 풀렸다. 그녀의 허리뼈는 뒤틀리고 성

겨지고 웃자라서 원래 형태를 알아보기 힘들 정도였다. 적어도 50년은 쪼그리고 앉아 일했을 것이다. 할머니는 4번째 허리뼈가 주저앉았다. 뼈가 약한 어르신에게 잘 생기는 압박골절이었다. 그런데 다른 두 허리뼈에도 이미 시멘트 시술을 받은 흔적이 있었다. 할머니에게 압박골절은 처음이 아니었던 것이다. 나는 서둘러 큰 병원에 가서 치료를 받으라고 권했다. 할머니는 넋을 놓고 자리에 앉아 있다가 울먹이며 신세를 한탄했다.

"아이고, 저번에 허리뼈가 주저앉았을 때 의사 선생님이 그렇게 조심하라고 했는데…."

혼자 살고 있는 할머니는 자식들과 연락이 닿은 다음에야 택시를 타고 병원으로 갔다.

"기본소득을 주면 사람은 게을러진다."

이는 기본소득 반대 논리 중 하나다. 이런 말을 들으면 화가 난다. 우리 인류가 얼마나 더 열심히 일해야 한단 말인가. 진료실에서 만난 어르신들은 수십 년 동안 논밭과 공장에서 장시간 노동에 시달렸다. 그 덕에 우리나라 경제는 빠르게 성장했다. 하지만 대가는 가혹했다. 어르신들 몸은 뒤틀리고 부풀어올랐고, 죽을 때까지 따라다닐 만성 통증도 남았다. 어르신들은 이제 노동을 멈춰야 한다. 대신 자신과 사회를 위해 다양한 활동을 즐겨야 마땅하다. 하지만 우리나라 노인들은 가난하다. 진통제를 맞아가며 여전히 노동해야 한다.

노동은 인간의 몸을 변형시킨다. 물론 세상이 변하고 의료기술이 발전한 탓에 우리 세대가 앓는 병은 부모 세대의 그것과 같지 않다. 하지만 고혈압, 당뇨병, 고지혈증, 비만과 같은 우리 세대의 병은 더 암울한 결과를 낳곤 한다. 뇌졸중, 심근경색, 만성콩팥병, 치매처럼 끔찍한 합병증을 불러오기 때문이다. 이러한 질병은 생활습관병으로 불린다. 즉석 음식이나 과음, 흡연, 운동 부족, 오래 앉아 있는 버릇 등 우리 생활이 병을 만든다는 뜻이다. 따라서 생활습관병에서 벗어나려면 당연히 생활을 바꿔야 한다. 자신의 생활을 되돌아보고 조금씩 꾸준히 고쳐나가야 한다. 어쩌면 평생 실패와 도전을 반복할 수도 있다. 생활의 여유와 주위의 참을성 있는 지지가 필요하다. 가족이나 친구의 변화를 지지해주려면, 아무래도 시간과 마음의 여유가 있어야 한다. 내가 먹고살기 힘들면 남을 도와주기도 힘들다. 하지만 한국인은 여전히 너무 오래 일한다.

구호 현장에서 만난 가난한 사람들을 떠올려본다. 아프리카와 동남아시아에는 가난한 나라가 많다. 네팔도 그중 하나인데, 이상하게 '선진국병'이라는 생활습관병이 급격하게 증가하고 있다. 굶주리는 사람만이 아니라 배가 나오는 네팔인이 많아지고 있다. 값싸고 열량이 높은 즉석 음식 때문이다. 네팔인들은 게을러서 가난할까? 나는 동의할 수 없다. 네팔인들도 우리처럼 오랜 노동으로 관절이 뒤틀렸다. 네팔 여성들은 출산하자마자 바로 쪼그려 앉아 일한다. 우리나라에서 자궁탈출증은 주로 어르신들 병이다. 나이가 들면 골반 바닥을 받치는 근육이 약해지기 때문이다. 하지만 네팔에서는 20대 초반에 자궁탈출증에 걸리는 이들이 많다. 네팔의 실업률은 3퍼센트 수준으로 우리나라와 비슷하다.

그럼, 네팔은 왜 가난할까? 이 문제는 생각보다 무척 어렵다. 가난한 나라들은 대부분 지구 남반부에 있고, 제2차 세계대전이 일어나기까지 서구열강의 식민지였다는 공통점이 있다. 근대적 산업은 식민지 모국에 의해 강제로 이식되었다. 그래서 지금도 쌀이나 밀, 목재, 커피, 광물 같은 부가가치가 낮은 1차산업 생산물을 수출해서 외화를 번다. 식민지에서 벗어난 이후에도 쿠데타가 잇달아 일어나는 등 정치가 불안정하다는 특징도 있다. 물론 그렇지 않은 나라도 있다. 바로 대한민국이다. 1945년 일제에서 해방되고 1950년 한국전쟁까지 겪은 우리나라는 1960년대 초까지 세계에서 가장 가난한 나라였다. 하지만 2019년 기준으로 국내총생산 순위에서 세계 10위권 국가가 되었다. 바로 그래서 한국인은 가난한 나라 사람들이 게으르다고 비난하기 쉽다. 하물며 그들에게도 기본소득을 주어야 한다는 주장은 더 받아들이기 어려울 것이다.

네팔인들도 더 열심히 일하면 우리나라처럼 잘살 기회가 있을까? 안타깝게도 답은 매우 비관적이다. 다음 쪽 표는 유엔개발계획에서 발표한 2019년 〈인간개발지수 순위〉를 보여준다. '인간개발지수'란 실질국민소득, 교육 수준, 문맹률, 평균수명 등 여러 지표를 종합해서 국가별로 인간 발전의 정도를 나타내는 수치다. 인간개발지수가 높은 나라가 진정 '선진국'이라고 불릴 만하다. 자랑스럽게도 우리나라는 23위에 올랐다. 그런데 순위를 다시 한번 살펴보자. 홍콩과 싱가포르를 제외하면 아시아 국가는 일본과 한국뿐이다. 게다가 일본은 1904년 러일전쟁에서 승리할 만큼 20세기 초에 이미 열강 대열에 올랐던 나라다. 인간개발지수 50위권까지 넓게 살펴봐도 20세기 중반까지 식민지였던 아프리카나 아시아 국가는 찾아볼 수 없다. 심지어 중국조차 85위에 불과하다. 이것은 무엇을 뜻할까? 대한민국은 너무나 특별한 예외이며, 가난한 나라가 선진국이 되는 것은 '하늘의 별 따기'라는 뜻이다. 70년 전 가난했던 나라들은 지금도 대부분 가난하다.

인간개발지수 순위

순위	국가	기대수명(연)	1인당국민총소득 (2011 PPP $)
1	노르웨이	82.3	68,059
2	스위스	83.6	59,375
3	아일랜드	82.1	55,660
4	독일	81.2	46,946
5	홍콩	84.7	60,221
6	호주	83.3	44,097
7	아이슬란드	82.9	47,566
8	스웨덴	82.7	47,955
9	싱가포르	83.5	83,793
10	네덜란드	82.1	50,013
11	덴마크	80.8	48,836
12	핀란드	81.7	41,779
13	캐나다	82.3	43,602
14	뉴질랜드	82.1	35,108
15	영국	81.2	39,507
16	미국	78.9	56,140
17	벨기에	81.5	43,821
18	리히텐슈타인	80.5	99,732
19	일본	84.5	40,799
20	오스트리아	81.4	46,231
21	룩셈부르크	82.1	65,543
22	이스라엘	82.8	33,650
23	대한민국	82.8	36,757
24	슬로베니아	81.2	32,143
25	스페인	83.4	35,041

출처: 〈인간개발지수 순위〉, 유엔개발계획, 2019.

네팔인들에게 더 억울한 이유도 있다. 지구는 인류의 경제성장을 무한정 허락해주지 못한다. 지구온난화와 생태 위기, 새로운 전염병의 창궐은 경제성장이 한계에 다다랐다는 신호다. 먼저 성장한 나라들이 지구를 파괴한 탓에 가난한 나라들은 이제 그들을 따라가기 어렵게 되었다. 그렇다면 네팔인들은 어떻게 해야 가난에서 벗어날 수 있을까?

2008년부터 2009년까지 아프리카 나미비아에서 기본소득 실험이 있었다. '나미비아 기본소득연합'은 이 나라에서도 가장 가난한 마을 주민 930명에게 매달 100나미비아달러(약 8000원)를 지급했다. 결과는 놀라웠다. 기본소득 지급 전 "매일 먹을 음식이 부족하다"고 답한 주민이 전체의 30퍼센트에 달했는데, 기본소득 실험 이후 이 비율은 12퍼센트로 하락했다. 영양실조 어린이 비율은 42퍼센트에서 17퍼센트로 크게 떨어졌다. 실업률은 60퍼센트에서 45퍼센트로 감소했고, 성인 1인당 평균소득은 200나미비아달러(약 1만 6000원)에서 389나미비아달러(약 3만 1000원)로 상승했다. 기본소득 지급액 이상으로 소득이 늘어난 것이다(《조선일보》 2016년 9월 26일자). 기본소득을 받은 사람들은 게을러지지 않았고 오히려 더 열심히 일했다. 아프리카와 아시아의 빈곤을 퇴치하는 데에도 기본소득은 가장 강력한 수단일 수 있다. 하지만 나미비아처럼 가난한 나라에서 기본소득을 도입하는 데에는 커다란 문제가 있다. 가난한 나미비아인들은 모두에게 충분한 기본소득을 지급할 만큼 기여금을 내기 힘들다.

"모두의 것을 모두에게."

이것이 기본소득의 모토다. 보편성은 기본소득의 가장 중요한 특징이다. 그런데 우리에게 '모두'는 한국인만을 뜻하는 것일까? 그럴 리 없다. 기본소득의 원천인 공통부는 지구에 사는 모두의 것이다. 모두의 소득에서 공통부 몫을 모아 다시 모두에게 나눈다는 원칙은 한 나라 국민에게만이 아니라 전 세계인에게 적용해야 한다. 그러자면 먼저 성장한 나라들은 그 과실을 가난한 나라와 나눠야 한다. 같은 비율로 기여금을 내더라도 부자는 더 많이 내는 것과 같은 이치다. 그렇게 되면 네팔인이나 나미비아인도 기본소득을 받을 수 있다. 하지만 하나의 나라와 달리, 세계에는 이해관계가 충돌하고 서로 으르렁거리는 200여 개의 국가가 있다. 강대국의 패권에 휘둘리는 유엔은 '세계정부'와는 거리가 너무 멀다. 과연 어떤 방법으로 공통부 몫을 나라마다 골고루 나눌 수 있을까? 현재로서는 꿈같은 이야기다. 하지만 10여 년 전 우리나라에 기본소득이 처음 소개되었을 때 나 역시 다른 사람들처럼 그것이 꿈같은 이야기라고 생각했다. 하지만 이제 우리나라에서 기본소득은 '언제 시작하는가?'의 문제다. 우리나라를 비롯한 여러 나라에서 기본소득이 도입된다면 '세계 기본소득'도 더는 꿈이 아닐 것이다.

4장

기본소득은
가능하다

BASIC
INCOME

기본소득은
가능하다

MBC 〈100분 토론〉 "기본소득 시대 과연 열릴까?" 편에서 이재명 경기도지사는 "15년에서 20년 뒤에 국민 모두에게 매달 50만 원씩 기본소득을 지급하는 것이 최종 목표"라고 밝혔다. 그러자 반대 토론자로 참석한 성신여대 경제학과 박기성 교수는 눈이 휘둥그레지면서 끼어들었다.

"너무 황당하네요."

박 교수의 반박은 이랬다. "5000만 국민에게 매달 50만 원씩 기본소득을 지급하려면 일 년에 300조 원의 재원이 필요한데, 2020년 우리나라 정부 예산이 대략 500조 원이다.

300조 원은 한 해 정부 예산의 60퍼센트에 해당하는 어마어마한 돈이다. 그러니 '모두에게 기본소득 50만 원'은 말도 안 된다"는 것이다. 나에게 기본소득에 관한 설명을 들은 사람들은 대개 박 교수보다는 긍정적인 반응을 보인다. 좋은 아이디어라는 것이다. 하지만 역시 말꼬리가 따라붙는다.

"돈이 엄청나게 들 텐데 가능하겠어요?"

사실 한 달에 50만 원은 한 사람이 먹고살기에 턱없이 부족한 돈이다. 기본소득을 받으면 노동 의욕이 떨어진다는 반론에 이 지사는 이렇게 반박했다.

"돈 50만 원 받고 일하지 않을 사람은 없다."

맞는 말이다. 나는 월 150만 원은 되어야 누구든 먹고사는 두려움에서 벗어날 수 있다고 생각한다. 그래야만 진정으로 '기본적인' 소득이라 부를 수 있으며, 누군가는 '돈 버는 일'에서 자유로워질 수 있다. 그런데 기본소득은 인류 역사에서 일찍이 없었던 무척 큰 변화이자 실험이다. 여러 번 강조했듯이 기본소득은 노동시간 단축, 최저임금 인상, 공공돌봄서비스와 부모의 의무 유급 출산·육아 휴직제 도입 같은 다양하고 포괄적인 개혁과 함께 추진해야 한다. 그래서 기본소득 50만 원은 좋은 '출발점'이 될 수 있다. 이재명 지사의 포부와 달리 나는 지금 당장 매달 기본소득 60만 원을 도입하자고 주장한다.[6] 그러자면 일 년에 360조 원의 재원이 필요하다.

'모두에게 매달 일정한 소득을 지급하자'는 아이디어는 단순하지만 강력하다. 그 이유는 '소득은 노동의 대가'라는 규범, 곧 우리 사회를 떠받치고 있는 이 규칙을 파괴하고 있어서다. 그래서 기본소득은 시대를 전환하는 기획이라 부를 수 있다. 기본소득의 단순함과 강력함은 재원을 확보하는 방법에서도 드러난다. 기본소득의 원천은 공통부다. 모두의 소득 가운데 15퍼센트는 공통부 몫이라고 가정해보자. 2019년 우리나라 국내총생산은 약 1900조 원이었다. 국내총생산은 결국 누군가의 소득으로 분배된다. 따라서 1900조 원에서 15퍼센트의 기본소득기여금을 걷으면 285조 원이 된다. 이 재원만으로도 모두에게 47만 5000원씩 기본소득으로 나눠줄 수 있다.

기본소득은 기존 정부 예산을 돌려 쓰는 것이 아니다. 기본적으로 '증세'가 필요하다. 그러니 다른 정부 지출, 특히 공공사회복지서비스를 줄여야 할 이유가 없다. 물론 증세는 언제나 민감한 사안이다. 사람들이 증세에 반대하는 것은 혜택이 없거나 잘 느껴지지 않기 때문이다. 내 주머니에서 나가는 돈은 뻔히 보이는데 정부 사업의 혜택은 쉽게 체감하기 어려울 때가 많다. 저소득계층만을 위한 정부 사업은 특히나 그렇다. 하지만 기본소득은 다르다. 아주 간단한 원리에 따라 걷고 60만 원씩 즉시 지급하기 때문에 누구나 자신이 얼마를 냈고 얼마의 이득을 보았는지 투명하게 알 수 있다. 정부가 세금을 걷어 엉뚱한 곳에 쓸까 봐 걱정할 필요도 없다.

한 가지 더 있다. 기본소득 60만 원에 필요한 실질적 증세 규모는 사실 360조 원이 아니라 그 절반가량에 불과하다. A, B, C 세 사람의 예를 다시 들어보자. A는 소득이 100만 원, B는 300만 원, C는 800만 원이다. 소득의 15퍼센트씩 기여금으로 내면 15+45+120=180만 원이고, 이를 세 사람에게 다시 60만 원씩 나눠주면, 세 사람의 소득은 각각 A 145만 원, B 315만 원, C 740만 원이 된다. 이 예에서 실제로 더 걷은 세금은 얼마일까? 60만 원이다. C로부터 60만 원을 걷어 A에게 45만 원, C에게 15만 원씩 나눠준 것과 결과가 똑같기 때문이다. '순수 증세'는 180만 원이 아니라 60만 원이다. 하지만 과정과 효과는 전혀 다르다. A와 B를 돕겠다고 C에게만 소득의 7.5퍼센트, 곧 60만 원의 증세를 한다면, C는 강력하게 반대할 것이다. 또 A와 B는 자신의 기여와 권리가 아니라, 전적으로 C의 도움을 받은 것에 불과하게 된다. 그래서 소득이 있는 모두가 일정한 비율로 기여하는 것이 중요하다.

그래야 공통부 원칙에도 들어맞고 제도가 정착할 가능성도 커진다.

이렇게 보면 큰돈이 필요한 것은 맞지만 '황당하다'고 볼 일은 없다. 이제 질문은 바뀌어야 한다. "엄청나게 돈이 들 텐데 가능할까?"가 아니라 "당신은 기본소득에 찬성하는가?"로. 다수가 원한다면 기본소득은 언제든 가능하다.

기본소득 재원을 만드는 방법을 좀더 자세하게 살펴보자. 기본소득 재원은 시민배당, 토지배당, 탄소배당, 데이터배당 등으로 이뤄진다. 먼저 소득이 있는 개인이 소득의 15퍼센트를 '시민재분배기여금'으로 낸다. 그것을 모아 모두에게 같은 액수의 '시민배당'으로 지급한다. 기업의 법인세도 역시 15퍼센트를 시민배당으로 전환한다. 기존 복지예산 가운데 시민배당으로 통합할 수 있는 부분도 있다. 생계급여, 기초노령연금, 아동수당, 근로장려금 등이 그것이다. 예를 들면, 어르신들은 기초노령연금 20만 원 대신 기본소득 60만 원을 받게 된다. 이렇게 만들어지는 시민배당이 약 210조 원이다.

세금을 15퍼센트나 더 내야 한다고 놀랄 필요는 없다. 400만 원의 15퍼센트가 60만 원이다. 월 소득이 400만 원이면 기여금으로 내는 금액과 기본소득으로 받는 금액이 같아진다. 당신의 월 소득이 400만 원 미만이라면, 기여금 15퍼센트를 내도 기본소득 60만 원을 받으면 소득이 늘어난다. 3인 가족 기준으로 가구소득이 월 1200만 원 미만이면 역시 소득이 늘어난다. 기본소득으로 소득이 늘어나는 사람은 얼마나 될까? 대략 따져보자. 통계청의 〈2018년 고용 동향〉에 따르면, 15세 이상 인구 4400만 명 가운데 경제활동인구는 2800만 명이었다. 이 가운데 취업자는 2700만 명, 실업자는 100만 명이다. 취업자 가운데 근로자가 2000만 명, 자영업자가 560만 명, 무급가족종사자가 100만 명이다. 여기서 소득이 없는 비경제활동인구와 14세 이하 그리고 무급가족종사자 등 2300만 명은 기본소득만큼 소득이 생긴다. 2018년 근로자 평균연봉 9분위 하한선이 5062만 원, 월 소득으로 421만 원이었다. 그러니까 노동자의 하위 80퍼센트인 1600만 명은 월급이 400만 원 미만이라고 볼 수 있다. 통계청의 〈2018년 가계동향조사〉에 따르면, 자영업자 가구 중 소득 5분위의 평균소득은 364만 원이었다. 따라서 자영업자 가구의 50퍼센트 이상은 기본소득으로 소득이 늘어난다. 물론 거친 계산이다. 하지만 절대다수는 기여금을 내도 소득이 늘어난다는 사실은 분명하다.

다음은 토지배당이다. 토지만큼 공통부라는 사실이 분명한 것도 없을 것이다. 민간 보유 토지에 1.5퍼센트의 토지보유세를 매겨서 토지배당 재원을 만든다. 2018년 기준으로 우리나라 민간 부동산 총액 대비 보유세액 비중(실효세율)은 0.16퍼센트였다(《한겨레》 2020년 7월 9일자). OECD 평균보다 토지보유세율이 낮은 미국과 일본도 실효세율은 각각 1~4퍼센트, 1.7퍼센트에 이른다. 2018년 한국은행 자산통계 기준으로 민간 보유 토지의 자산 규모는 6167조 원이다. 토지보유세를 1.5퍼센트로 인상할 경우 연간 92조 원의 재원을 만들 수 있다. 짐작하듯이 토지보유세 인상은 서민과 아무런 상관이 없다. 2017년 경제정의실천시민연합이 발표한 자료에 따르면, 국민 70퍼센트는 땅이 한 조각도 없다. 대신 상위 10퍼센트가 민간 토지의 84퍼센트를 소유하고 있다.

그리고 탄소배당이다. 영국 에너지 회사 BP가 발표한 〈세계 에너지 통계 보고서〉에 따르면, 2017년 우리나라의 연간 탄소배출량은 OECD 회원국들 가운데 미국, 일본, 독일에 이어 네 번째로 많았다. 더 큰 문제는 지난 20년 동안 우리나라 탄소배출량 증가 속도가 OECD 회원국 가운데 가장 컸다는 것이다. 우리나라의 연간 탄소배출량은 7억 900만 환산톤에 달한다. 우리나라는 지구온난화와 생태 위기에 큰 책임이 있다.

배출하는 탄소량에 따라 기업에 탄소세를 부과해야 한

다. 1환산톤당 10만 원의 탄소세를 부과하면 70조 원 규모의 탄소배당을 만들 수 있다. 탄소세는 부가가치세다. 그러니까 탄소를 많이 배출한 기업의 상품은 그만큼 가격이 오르게 되고, 결국 그 상품의 소비는 줄어든다. 기업은 화석연료 대신 재생가능에너지를 쓰거나 생산 공정을 바꾸려고 노력할 것이다. 그런데 저소득층도 석유나 연탄 같은 화석연료를 에너지원으로 사용한다. 탄소세 때문에 그들의 부담이 늘어나는 것은 아닐까? 그렇지 않다. 탄소세로 모인 재원은 탄소배당으로 모두에게 똑같이 돌아가기 때문이다. 당연히 저소득층일수록 혜택이 크다. 탄소배당은 저소득층의 부담 없이 탄소 배출을 줄이는 방법이다.

시민배당, 토지배당, 탄소배당을 모으면 370조 원에 이르고, 모두에게 매달 60만 원의 기본소득을 지급할 수 있다. 여기에 '데이터배당'을 추가해보자. 알파고가 이세돌 9단을 이겼을 때 세계는 깜짝 놀랐다. 그 인공지능이 수많은 바둑기사의 기보를 데이터 삼아 학습했다는 사실도 덩달아 알려졌다. 이렇게 인공지능은 인류가 쌓아온 지적·문화적 유산을 밑거름으로 발전하고 있다. 또 수십억 명이 검색하고 클릭한 덕분에 구글이나 아마존은 인간의 행동을 예측해서 광고를 하거나 상품을 팔고 있다. 과거와 현재 인류가 활동한 결과인 '데이터'는 명백히 공통부다. 이들 기업에 '데이터세'를 부과하고 모두에게 데이터배당으로 나눠주어야 한다. 디지털산업이 발전할수록 데이터배당 역시 커진다. 데이터배당은 '충분한' 기본소득을 위해 점점 더 중요한 역할을 하게 될 것이다.

세상의
엄마들에게

이 책을 쓰는 동안 엄마는 마지막 날숨을 내쉬었다. 루이소체 치매를 앓은 지 5년 만이었다. 사람들은 다양한 이유로 기본소득 지지자가 된다. 코로나19는 우리가 공동운명체임을 일깨워주었다. 재난기본소득 덕분에 재앙에 맞서기 위해 무엇이 필요한지 되돌아볼 수 있었다. 그래서 기본소득에 관심을 두고 지지하는 사람이 늘어난 것 같다. 참 다행이다. 그런데 나는 지극히 개인적인 이유로 기본소득을 지지하게 되었다. 바로 엄마였다. 나는 엄마가 기본소득을 받는 세상을 꿈꾸었다. 그것은 참으로 오랜만에 내 심장을 뜨겁게 뛰게

했다.

엄마는 라디오 부속 조립 일을 그만두고서 다시는 부업을 하지 않았다. 몇 년 뒤 나와 동생은 중학생이 되었으니, 집안일에 손이 조금은 덜 갔을 것이다. 엄마는 남는 시간에 주로 잠을 잤다. 아버지는 누워 지내는 엄마가 못마땅했다. 그래서 이웃집 여자들처럼 '보험 일'이라도 하라며 잔소리했다. 1980년대에 아무런 경력이 없는 가정주부가 할 수 있는 일이라곤 가내수공업이나 보험 일밖에 없었다. 엄마는 내성적이고 말수가 적은 사람이었다. 친구도 많지 않아서 내가 모두 알 정도였다. 새로운 사람 만나는 것은 엄마에게 무척 힘든 일이었다. 그렇게 엄마의 부업은 다시 불화의 원인이 되었다. 엄마는 잔소리하는 아버지에게 소리쳤다.

"할 줄 아는 게 없는데 어떻게 하란 말이니껴?"

그런데 엄마가 돌변할 때가 있었다. 이모네 식구들과 모여 고스톱을 치면 엄마는 완전히 다른 사람이 되었다. 목소리가 제일 큰 사람이 엄마였고, 구성진 농담을 해가면서 판을 이끌었다. 어린 나에게 엄마는 '전문가'처럼 보였다. 노래방에서는 더 놀라웠다. 술 한 잔 걸치면 엄마는 시쳇말로 날아다녔다. 노래도 잘 불렀고 사람들 흥을 돋우는 데에 재주가 있었다. 하지만 나머지 시간 대부분 내 기억 속 엄마는 누위 지냈다. 그게 치매에 걸린 원인이었을까.

전혀 다른 장소에서 엉뚱하게 엄마를 떠오르게 하는 사람이 있었다. 아르메니아에서 만난 로베르토(가명)였다. 이탈리아 출신인 그는 국경없는의사회 아르메니아 결핵사업에서 물류 책임자로 일했다. 나는 우선 그의 언어 능력에 놀랐다. 이탈리아어와 비슷한 프랑스어, 스페인어는 기본이었고, 국경없는의사회 공식 언어인 영어에도 능숙했다. 게다가 러시아어와 아르메니아어까지 할 줄 알았다. 세계를 돌며 일할 때마다 그 나라 말을 쉽게 익히는 사람이었다.

로베르토는 동료를 만나면 코미디언같이 우스꽝스러운 얼굴로 요란하게 인사했다.

"오, 루크! (블라블라) 맘마미아!"

그를 만나면 기분이 좋아졌다. 파티를 열 때면 그는 항상 음식 재료와 포도주를 잔뜩 사왔고, 포도주를 마셔서 불그레한 얼굴로 노래를 흥얼거리며 요리를 했다. 나는 그를 보면서 요리가 즐거울 수도 있다는 것을 처음 알았다. 더구나 그의 요리는 훌륭했다. 그가 손수 지은 화덕으로 구운 피자 맛은 아직도 잊을 수가 없다. 이탈리아인답게 수십 종류의 파스타를 만들 줄 알았다. 그뿐이 아니었다. 동료들이 식사를 끝낼 때쯤이면 기타를 치며 노래를 불렀다. 포도주에 얼큰하게 취한 우리는 그의 연주에 맞춰 노래를 불렀다. 우리는 행복했고 로베르토를 좋아했다.

나는 왜 로베르토를 보면서 엄마를 떠올렸을까. 로베르토는 처음 만나는 사람과 쉽게 친해졌지만 엄마는 그렇지 못했다. 로베르토는 전 세계를 돌아다니며 삶을 즐겼지만 엄마는 평생 집 밖을 나가지 않았다. 하지만 나는 두 사람에게서 같은 흥과 정열을 발견했다. 엄마에게 정녕 다른 가능성은 없었을까? 엄마도 로베르토가 될 수 있었다고 믿고 싶었다.

"기본소득을 주면 누가 일하려고 할까?"

이런 반론에 내가 분노를 느끼는 것은 엄마 때문이기도 하다. 중학교만 나온 엄마는 결혼하고서 두 아이를 키우며 집안일만 했다. 엄마는 우울증도 앓았다. 엄마가 젊었던 시절 '정신과'는 '미친 사람들'이나 가는 곳이었다. 아버지가 병원에 가자고 했지만 엄마는 거부했다. 마음의 병은 엄마의 의지를 야금야금 파먹었다. 그렇게 엄마는 중년이 되었고, 남편과 아들 둘, 곧 같은 성씨의 남자 셋은 엄마에게 따뜻한 말 한마디 건네지 않았다. 엄마에게 남은 것은 공허감뿐이었을지 모른다. 눈을 감고 낮잠을 자면 좀더 견디기 쉬웠을까.

세월이 더 흘렀고 60~70대 여성들도 돈을 벌기 위해 집 밖으로 나왔다. 물론 임금이 낮은 시간제 일자리였다. 그래도 라디오 부속 일이나 보험 일보다는 선택의 폭이 넓어졌다. 하지만 엄마는 일하려 하지 않았다. 일하는 것이 싫다고 말하기도 했다. 나 역시 엄마가 돈 벌기를 바란 적이 한 번도 없었다. 그런데 기본소득을 알게 되면서 한 가지 궁금증이 생겼다. 세상은 왜 돈을 벌어야 '일'이라고 인정해줄까?

엄마는 매일 똑같이 반복되는 집안일을 끔찍하게 여겼다. 저녁 식사를 준비하러 부엌으로 가면서 엄마는 자주 말했다.

"한 알만 먹으면 배부른 알약이 개발되면 좋겠다."

나도 엄마가 해주는 밥이 지겨웠으니 엄마는 오죽했을까. 엄마는 조금 더 일찍 집 밖으로 나섰어야 했다. 우울증을 치료하면서 아주 조금씩 천천히⋯. 당연히 다른 사람들의 끈질긴 도움이 필요했을 것이다. 엄마에게는 다른 숨겨진 재능이 있었을지 모른다. 고스톱과 노래방에서만 볼 수 있었던 엄마의 흥과 열정이 지금은 상상할 수 없는 꽃을 피웠을 수도 있다. 사람들을 행복하게 하고 그래서 사랑을 받는 로베르토가 되지 말란 법이 없었다. 돈을 못 버는 일이어도 상관없다. 기본소득이 있다면 말이다.

앞서 나는 "기본소득은 가능하다"고 밝혔다. 물론 엄청나게 큰돈이 드는 일이다. 하지만 마음만 먹으면 충분히 가능한 일이기도 하다. 그런데 나에게 기본소득은 반드시 가능해야 한다. 엄마에게 숨겨진 가치가, 못다 피운 꿈이 있다고 믿기 때문이다. 그리고 지금도 우리나라와 세계에는 수많은 '엄마들'이 있기 때문이다.

1. Arreola, S., et al.(2014). Sexual Stigma, Criminalization, Investment, and Access to HIV Services Among Men Who Have Sex with Men Worldwide. AIDS and Behavior, 19(2), 227~234.

2. 기본소득을 위한 재원을 어떻게 마련할지는 4장 '기본소득은 가능하다'에 서 다룰 것이다.

3. https://www.lipid.or.kr/heart. 한국지질·동맥경화학회 제공. 이 도구는 미국인 기준이지만 위험도를 대략 평가하는 데 도움을 준다.

4. 핀란드 사회보장국KELA 홈페이지 https://www.kela.fi.

5. 2020년부터 가사도우미는 노동자로 인정받고 4대 보험 적용을 받게 될 예 정이다(《조선일보》 2020년 7월 7일자).

6. 내가 속해 있는 기본소득당은 '지금 당장 기본소득 매달 60만 원'을 주장하 고 있다.

동네 의사와 기본소득

1판 1쇄 찍음 2020년 10월 20일
1판 1쇄 펴냄 2020년 11월 01일

지은이 정상훈
펴낸이 천경호
종이 월드페이퍼
제작 (주)아트인
펴낸곳 루아크
출판등록 2015년 11월 10일 제409-2015-000020호
주소 10083 경기도 김포시 김포한강2로 208, 410-1301
전화 031.998.6872
팩스 031.5171.3557
이메일 ruachbook@hanmail.net

ISBN 979-11-88296-44-6 03300